ずるい傾聴術

人間関係が好転してトクする33のルール

●ノンフィクションライター
中村淳彦

かや書房

はじめに

誰かのためではなく、自分のためのずるい傾聴

どんな時代になっても
傾聴ができる人は生きていける
そのために必要なのは
「ずるさ」
相手の立場に立ち話を聞いて
人を出し抜く
その結果自分だけは
生き残れる!!

「聞ける人」は、どこでも生きていける

この本は誰かから話を聞くことによって、聞き手であるアナタがトクをする事実を書いた本です。

終身雇用と年功序列が崩壊し、世代が分断されて10年後の未来が想像できなくなりました。漠然とした不安が蔓延《まんえん》しているからか、いま社会は、誰かになにかを伝えたい人ばかりです。**誰かに話したい、自分を伝えたい——そんな人があふれています。**

そこで注目されているのが「傾聴」という行為です。

傾聴は精神科医療の治療や療法から広がった行為で、今日《こんにち》も数々の困難や苦境を抱えている人々が救われています。福祉系大学や対人援助の資格養成講座で必ず学ぶことなので、アナタは「傾聴」と聞いて、清廉潔白で堅いイメージを浮かべるでしょう。

しかし、**本書では清廉潔白な気持ちで相手を救済はしません。アナタが有利に生きる、さらに〝トクをする〟〝儲かる〟ことを目指します。**どうしてトクをするかというと、傾聴することで相手にとって特別な存在となり、相手に好かれ、相手にまた会いたいと熱望され、あらゆる場面で人間関係が好転するからです。

無数のメリットを持つ傾聴の効果を逆手にとって、意識的に自分自身の利益を狙っていきます。「傾聴は社会貢献だ」と、立派なことを言う人もいるでしょう。しかし、建前だけでは生き残れません。サバイバルして生き残るのは、自分がどうすればトクをするかを考えている人のみなのです。

最近よく〝他者貢献〟という言葉を聞きます。他者貢献という単語を使うのは、みんな儲けたい商売人です。自分が誰かに尽くすのではなく、「相手に対して良い行為をした結果、自己肯定感が高まり、自分の価値を実感し、結果として巡ってくる利益を得ていきましょう」という考えです。

ずるい傾聴も同じです。誰かのためではなく、自分の利益のために傾聴という手段を使っていきます。相手に好かれて、人間関係が好転するだけで十分な効果ですが、人から傾聴して物語をつくるプロである筆者は、傾聴によりもっと大きな利益を享受しました。

日々、誰かから話を聞きまくる筆者には、情報が集まり、相手から傾聴によって聞いた話で著書の累計は100万部を超えて、そのうち何作かは劇場映画化もされました。代表作の『東京貧困女子。彼女たちはなぜ躓いたのか』（東洋経済新報社）は漫画化されて大ヒット中です。

さらに2023年10月スタートのNHK連続テレビ小説『ブギウギ』の主役に抜擢された趣里の主演により、WOWOWで連続ドラマ化され、こちらも2023年秋から放映されます。『東京貧困女子。彼女たちはなぜ躓いたのか』は海外でも出版されました。

誰かから傾聴をしているだけなのに、利益は軽く億を超えてしまいました。

傾聴という行為の爆発力は凄まじく、利益はそれだけではありませんでした。

筆者は数年前、妻をガンで亡くしてバツイチとなりました。そこで、壮絶に厳しいといわれる中年の婚活に挑戦し、ノンフィクションライターの仕事で生きていくために否応なしに培った、傾聴の技術をフル活用したのです。筆者は傾聴によって困難を突破し、あっという間に相手に選ばれて、昨年再婚しています。

身をもって実践し、成功し、自分でも驚きましたが、傾聴は本当に相手に好かれて人間関係を好転させるのです。婚活の成功は金額に換算しがたい、まさに人生が変わる大きすぎる利益でした。

ずるい傾聴の定義

〝ずるい〟とは「人を出し抜いて自分がトクをするような、正しくない方法」とあります。そして〝傾聴〟は「相手の話を、相手の立場に立って、相手の気持ちに共感しながら理解しようとする」という意味です。

そこで、ずるい傾聴の定義をすると、

「相手の話を相手の立場に立って、相手の気持ちに共感しながら理解し、人を出し抜いてトクをすること」になります。

いま、傾聴はあらゆる分野で活用されています。

特に熱心なのが福祉分野でしょうか。高齢者に対する介護職や対人援助職で活用されています。しかし一方で、介護職は代表的な低賃金労働職であり、傾聴を求められている職員に不幸や不遇が蔓延し、産業全体に愚痴があふれています。

「傾聴によって人を出し抜いてトクをすることが、ずるい傾聴だ」と言いました。

介護職たちが現場で熱心に傾聴しているにもかかわらず、低賃金という不利益によってネガティブな感情が渦巻いているとなると、傾聴の使い方が間違っている、傾聴する相手が間違っていると指摘せざるをえません。

傾聴のスキルがある介護職は、利益にならない高齢者に対する傾聴は二の次、あとまわしにして、実益を求めて家庭や恋人、友だちや同僚に対して、または婚活や恋活に挑戦して、**自分のために**傾聴を使うべきなのです。

「利益にならない高齢者相手の傾聴は適当に、もしくは放棄し、プライベートでこそ傾聴を積極的に使うべき」という筆者の意見は間違っているでしょうか。

正しいはずです。

価値を認めない相手に傾聴して、身を削り、オフタイムに愚痴をこぼしている現状は本末転倒であり、自分で自分の人生を棄損していると言えるのです。

一言でいえば、「もったいない！」のです。

どこまでも相手の立場に立つこと

「トクするために傾聴しよう！」と言われても、イメージができない方もいるでしょう。

ここで一つ例を出しましょう。仕事で関係のある異性に「私、猫を飼っているんです」と話しかけられたとします。アナタは、どう返答するでしょうか。

「僕は犬を飼っていますよ！」

相手が語ってくれた自己開示を一撃で潰してしまいました。アナタは自分の話をしてしまいましたね。こう答えてしまったら、残念ながらその会話は終了となります。人間関係が構築されることはなく、その場限りで関係は終わってしまうかもしれません。

猫の話をしたかった相手は、犬の話をされてどう思うでしょうか。きっとアナタに失望し、ため息が漏《も》れていることでしょう。

「猫ってかわいいですよね。どんな猫ですか？」

そう答えれば、どうでしょう。相手が飼っている猫はスコティッシュフォールドでしょうか、マンチカンでしょうか。オスでしょうか、メスでしょうか。自分が聞きたいことも、相手が話したいことも、あふれるようにあるでしょう。

「猫を飼っている」と言った相手の言葉は、アナタと話をしたいというお誘いです。

相手の話を傾聴し、会話を続けていけば、相手は話したかった猫のことを聞いてくれたアナタに、どんな感情を抱くでしょうか。少なくとも好感を持たれるはずです。会話によって仲良くなって、連絡先を交換、もしかしたら食事に誘ったら応じてくれるかもしれません。

本書におけるずるい傾聴とは「傾聴することによって、聞き手であるアナタがトクをしよう！」という意味です。**相手のことを受け止める傾聴は、ときに疲れることもありますが、誰でも取り組めて、すぐに結果が現れる投資ゼロの最強のスキルです。**

それでは、自分がトクするために「ずるい傾聴術」を身につけていきましょう。

ずるい傾聴術
人間関係が好転してトクする33のルール

目次

3章●話を最後まで聞くためのメンタル調整

自分を知り、相手をとことん受容する……65

4章●ずるい傾聴の基本スキル

細かいテクニックを教えよう！

5章●質問力をつけて相手から情報を聞き出そう！

傾聴力は、質問力だ！

6章● 本書のルールを実践で使ってみた

相手の立場に立って、相手の気持ちに共感しながら理解し、人を出し抜いてトクをすること

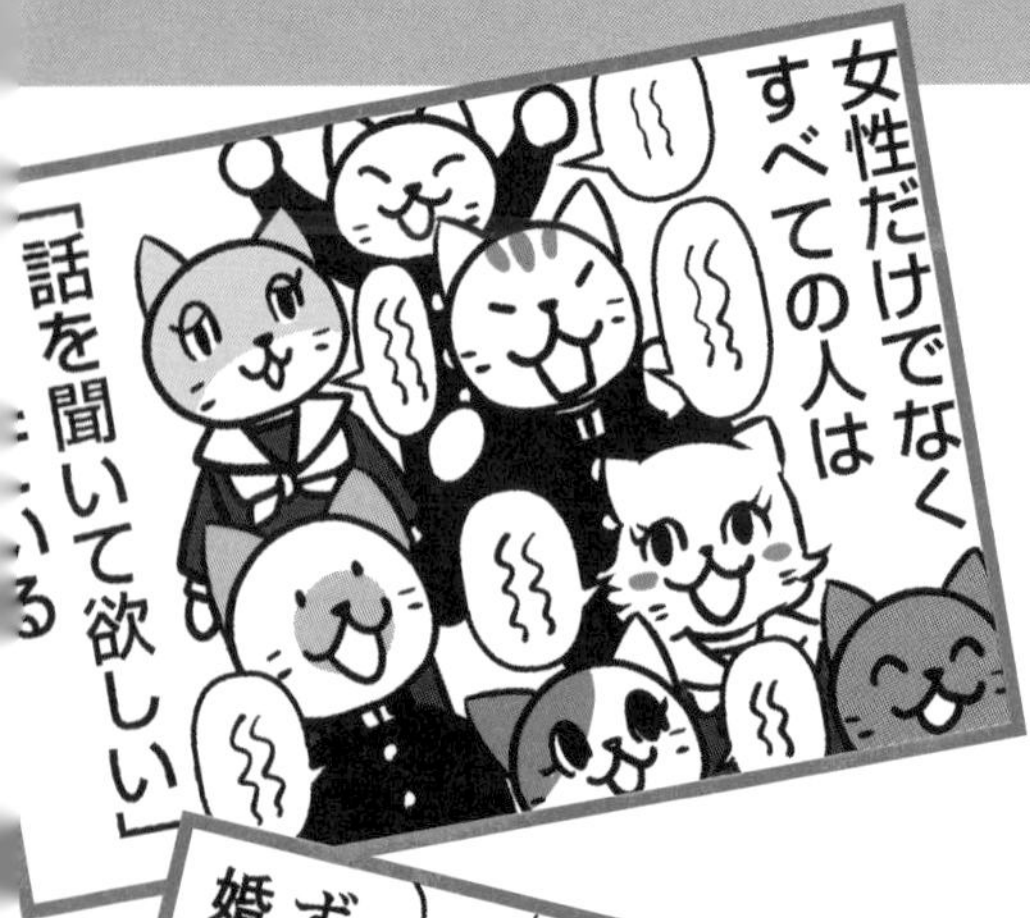
女性だけでなくすべての人は
「話を聞いて欲しい」

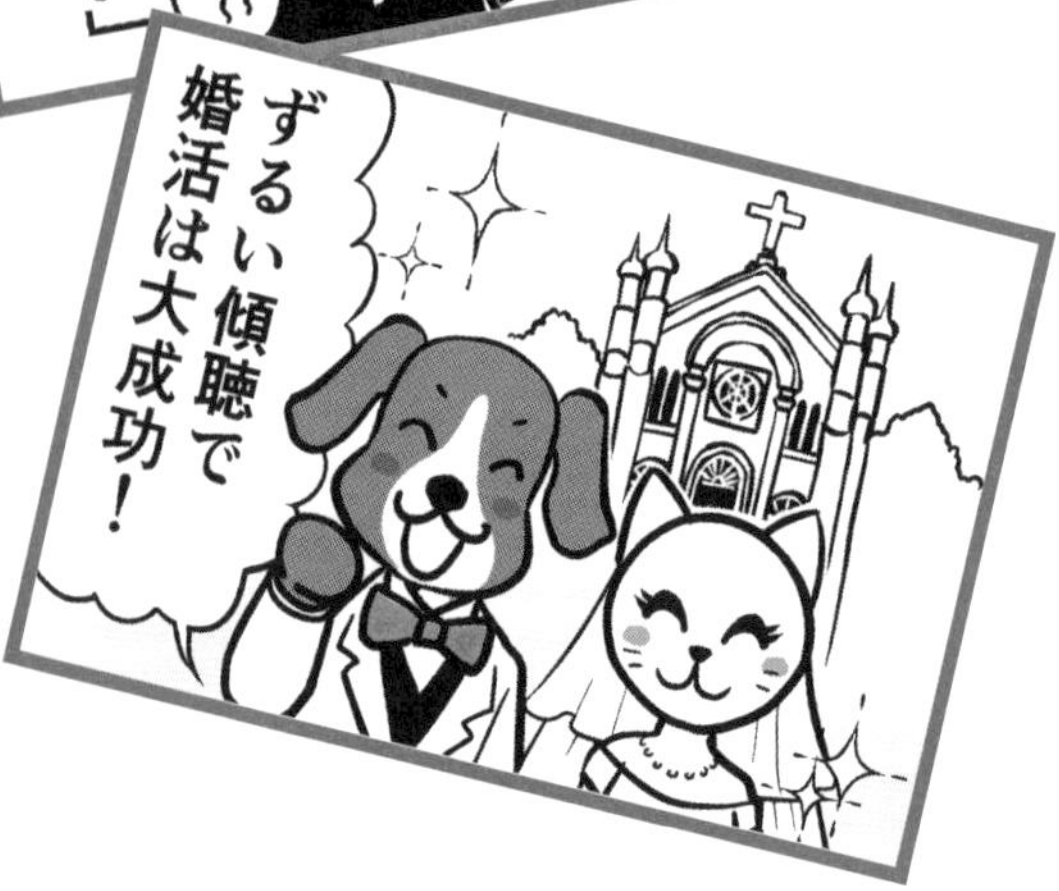
ずるい傾聴で婚活は大成功！

装丁／冨田晃司
漫画／タナカクミ

1章

ずるい傾聴の基本を話そう！

傾聴するか、
自分を語るかで
人生が変わる！

ルール1

自撮りして道枝駿佑と比べよう！

自撮りをしてみよう！
俺ってけっこうイケメンだよね
！
そこに写っているのは
予想もしないブサイクな姿
自己否定して
自分なんてたいしたことない・・・
謙虚に相手の言葉に耳を傾けよう！

相手の話を聞けない、中年男性

相手の話を聞けないことで、相手から呆《あき》れられ、ウザがられ、心の中で苦情を言われることが多いのは圧倒的に中年男性です。日本は厳しい上下関係や年功序列､男尊女卑、家父長制の時代が長く続いたので、多くの中年男性は知識と経験のある自分は偉い、と思い込んでいる節があります。

そのような中年男性が若者に対して、先輩風を吹かせて自慢話や説教を繰り広げている痛々しい場面を、アナタもよく目撃していませんか。

いま若い世代の間で上から目線で自分語りや昔話をする中年男性が嘲笑されている現実をご存じでしょうか。そのような中年男性は若者たちに〝おぢ〟と呼ばれ、「キモイおぢに自分語りされた」「偉そうなおぢがウザかった」みたいなＬＩＮＥが飛び交っています。

中年男性の独りよがりなコミュニケーションは、ウザがられているのを超えて、不遇な事故という扱いでネタとなってしまっているのです。


ここでは筆者と同年代（45歳以上）の中年男性を想定して話していきます。

まず、携帯を持って自撮りしてください。

どのような姿が写っていますか？　少し毛が薄くなって、白髪まじりで、脂っぽい人もいるでしょうか。運動不足と中年太りでお腹が出ているかもしれませんね。しばらく理容室に行っていなくて髪の毛はボサボサで、なにも気を使っていない服装はダサく、肌の張りも失って清潔感がなかったりしませんか。

撮れましたか？　Ｇｏｏｇｌｅで「道枝駿佑」と画像検索してください。そして、アナタと道枝駿佑の姿形《すがたかたち》を比べてみてください。どうでしょうか。


道枝駿佑は若手のスーパースターです。数々の大舞台を乗り越えて、演技もうまく、性格もよくて、いつも一生懸命です。姿形だけではなく、収入も含めて、なにもかもアナタのほうが劣っているはずです。

道枝駿佑の足元にも及ばない、写真に写っている少し醜いアナタが、いまのアナタ自身なわけです。

勤続25年を超えて役職がある人もいるかもしれませんが、多くの方々は年功序列の梯子も外されているのではないでしょうか。ついに政府も骨太方針で長年常識だった終身雇用と年功序列を見直すことを閣議決定しました。

5年後の未来が到底見えないアナタに、残っているのはその少し醜い姿の現実だけだ、ということです。

そんな立場であるのに若者たちに昔話をしたり、教えを説いたり、揚げ句に若い女性に気に入られようと自己アピールしている人はいませんか？

過去の年功序列の意識のままで、自己を過信して頼まれていない教えを披露しても、誰にもなにも響かないわけです。それが現実です。**まず、現実を知りましょう。**

道枝駿佑と自分を比べて、真実の自分自身の姿を知れば、若い世代に昔話や教えを披露しそうになってもグッと堪えることができるでしょう。おじさんの昔話、経験、武勇伝は価値を失ったと、きっぱり認め、現実を知って謙虚になり、これからも生き残っていくために、若い世代相手に自分語りをやめる努力をしなければなりません。

伝えたい人が増えるほど、聞ける人の価値は高まります。

本書は傾聴によって「自分自身の価値を上昇させて、相手に認めてもらおう」という提案です。

身なりを整えて、清潔感を出すなど、できる限りの改善を試み、コミュニケーションは相手が熱望する「自分の話をしたい」「誰かに聞いてほしい」という要望に非アサーティブな姿勢で応えます。

非アサーティブとは自分の気持ちや考えを抑えて、相手を優先するという考え方です。自分も相手もお互いを大切にするアサーティブとは反対の意味になります。

醜くなって社会的な梯子も外された中年男性は、相手が求める傾聴をして、相手の語りを聞きながら信頼と好感を掴んでいくしか、生き残る道はないと言っても過言ではないのです。

自己否定してメンタルを見つめ直す

相手の話を最後まで聞けない中年男性には、まず自分は偉くないし、情報弱者だし、姿形も衰えているという自己否定が必要です。自己否定を「現実を知る」と言い換えてもいいのですが、いまの状況を客観的に認識しなければなりません。

相手に寄り添う傾聴には、聞き手の自己肯定感が必要だと言われます。しかし中年男性は、まず現実を知る手段として**自己否定**をしましょう。「自分は終わっている」「無価値である」という自覚です。

昔から婚活や恋活の場面、水商売の店舗などで、10歳〜20歳年下の女性を狙って尻を追いまわしているおじさんをよく見かけます。「漫画『課長島耕作』のように、経験や知識のあるおじさんはモテる、年上好きの女性はたくさんいる」と勘違いしているのでしょう。

島耕作は昭和から平成を生きた団塊の世代の物語です。年功序列、終身雇用、経済成長のすべてが機能していた古い時代の話です。いまとはまったく社会状況が違います。また、過去の家父長制の意識が染みついているのか、女性や年下を相手にして偉そうにしている中年男性も、よく見かけます。まずいです。

そのような不可能な夢を追ったり、恥ずかしい態度をとっても、アナタにメリットは一つもありません。バカにされるだけです。**自己否定して現実を知り、心を入れ替えて自分のことを語るのではなく、若い世代を傾聴できるようになれば、人間関係は大きく変わってきます。**また、いま自分がしている語りや、若い女性の尻を追いまわしていることは、時代錯誤な大いなる勘違いであり、叶わぬ夢であることが痛いほどわかるはずです。

中年男性は、いったん自己否定して数十年間育んできたメンタルを壊すところまでいかなくても、見つめ直しましょう。そして、メンタルを現実に合致するように調整し、相手の話を最後まで聞けるようになりましょう。

自己肯定感を高めるのは、傾聴ができるようになって人間関係が良好になってからでも遅くはありません。

自信家で、客観視ができない中年男性は、自己否定して現実を知ることが簡単にはできないかもしれません。でも、これからの時代を生き残っていくために、その壁をなんとか乗り越えて、謙虚な心を育み、上下関係を取っ払い、相手に寄り添うことができる体質をつくっていく必要があるのです。

ポイント

ずるい傾聴を身につけるために、まず必要なのは〝自己否定〟だ。

ルール2 利益のない相手には傾聴をしない！

利益のない相手からは逃げる

ずるい傾聴では相手と会話になったとき、瞬時に自分自身の利益を想像します。そして、利益のために自分自身にスイッチを入れて傾聴にのぞみます。

でも、どうしても利益が浮かばない相手もいるでしょう。ここではっきりさせておきますが、そういう相手の傾聴はやめましょう。利益のない相手との人間関係は好転させる意味がないので、自分語りをしても、武勇伝を語ってもかまいません。好きにしてください。

「自分の話を聞いてほしい」

そんな相手の願望を叶える傾聴は劇薬でもあります。

関係を深めたくない相手の話を聞いてしまうと、相手がどんどんと近づいてくる可能性があるのです。傾聴は聞き手に気力と体力が必要とされる行為なので、利益のない無駄な会話はマイナスでしかありません。

筆者がメリットがないと最近距離を置くのは、ネガティブ思考の人と、独善的で主張が強い人です。

自己肯定感が低く、すぐに否定や言い訳をするネガティブ思考の人に対しては会話をする利益がまったく見えてきません。なので、スルーしています。

それと極端に正義感が強く、思考が偏《かたよ》る左翼やネトウヨのような人たちも同様です。独善的で批判ばかりしているので、彼らはいつもトラブルまみれです。利益どころか、気分が落ち込むし、損害を被《こうむ》りそうなので近づかないようにしています。

傾聴ボランティアはすぐにやめよう！

いま、傾聴ボランティアが流行っています。

地域の一人暮らしの高齢者を訪問して傾聴するという自治体主導の活動ですが、筆者にはどうしても聞き手のメリットが浮かびません。慈善活動としてやりたい人はやればいいですのが、利益を見込めない傾聴は、どうしても「もったいない！」のです。

傾聴ボランティアをする方々が恵まれた立場なら、存分に慈善活動をしていただきたいのですが、そんな余裕がある人はごく一部でしょう。高齢者相手に無償で傾聴をするくらいなら、自分の利益のための武器として傾聴を使っていくべきです。

介護現場でも、傾聴の大切さが叫ばれています。どこの資格養成所でも、バイスティックの七原則（対人援助の行動規範）などの傾聴の手法を教えています。傾聴ボランティアと同じ理由で低賃金、低報酬の介護職が全力で、世代的に恵まれている高齢者を傾聴するのにも疑問が浮かびます。

傾聴は気力と集中力が必要な行為であり、無償や利益が見込めない相手に全力でやるべきではないと思うのです。**業務で強制されているなら、疲れない程度に、相手が言っていることに適当に頷《うなず》いて、聞き流すくらいが丁度いいでしょう。**

傾聴は医療や心理学、カウンセリングの世界で発達したので、多くの人に社会貢献という意識が記号のように刷り込まれています。だから真っ先に高齢者や悩みを抱えている人が浮かんでしまうのです。**「傾聴＝清廉潔白な真面目なこと」という考え方は変えていく必要があります。**

傾聴を上限のある自分の資源と考えれば、意識は知らない高齢者ではなく、もっと身近な人に向いていくはずです。

45歳以上のおじさんは傾聴しない！

それと逃げるべき要注意人物は、おじさん全般です。

おじさんを相手にするリスクは、男尊女卑、家父長制に染まっている可能性があるだけではありません。いまは様々な人々が孤独や孤立に悩んでいます。生涯未婚率は年々急上昇し、男性の生涯未婚率は28・3％と過去最高を記録しています。この状態は日本史上、過去に前例のない事態です。

アナタの周りを見まわしても、寂しさを抱えている中年男性だらけじゃないでしょうか。

いま歌舞伎町の女性たちのあいだで、寂しい未婚おじさんをターゲットにした恋愛詐欺が流行っています。〝いただき女子〟という現象です。寂しいおじさんはちょっと話を聞いてあげて、少し優しくしただけで、心が盛りあがってガチ恋状態になってお金を振り込んでくるそうです。

同情心や優しさで、そのような寂しい中年男性の話を聞いてしまったら、「また会いたい」と熱望されるでしょう。相手の心が盛りあがって慌てて距離を置いたら、逆恨みされかねません。**好感を持たれたい、人間関係を構築したい、利益のある相手だけを傾聴する姿勢は、自分の時間を無駄にしないためにも重要です。**

45歳以上の知らないおじさんの傾聴はしない、と言うと少し乱暴かもしれませんが、10を切って1の危険を回避するということです。

年齢や性別にかかわらず、利益を見込めない相手が話を聞いて欲しいと近づいてきたら、当たり障りなく逃げてしまいましょう。利益のない傾聴が行政によってシステム化されている傾聴ボランティアも、低賃金の介護職も辞めてしまいましょう。筆者は、そう思います。

ポイント

自分にとって利益のある相手だけ、傾聴をする。

ルール3 中年男性はとにかく聞き役にまわる！

インプットを増やして、アナタを成長させる!

もうひとつの傾聴のメリットは、情報強者になって、自分自身の知識や見識を深めることができることです。

会話の定義は「話すことで共通の話題を共有し、共通の時間をわかち合う」なので、話し手と聞き手が、行き来して成り立ちます。情報交換なので話し手はアウトプット(情報提供)、聞き手はインプット(情報入手)です。**聞き手という立場としてひたすらインプットができるのは、傾聴の大きなメリットです。**

これまでの年功序列社会では、立場が上の年長者が若い世代に知識や見識、経験を伝えるために話し手となる場面が多かったでしょう。

しかし、時代は変わってしまいました。年功序列が終わり、変化のスピードが速く、いまの若者たちには過剰なルッキズムが蔓延しています。アナタの重ねた年齢に価値がなくなってしまったのです。正直、若い世代は梯子を外された中年世代に興味はありません。

いまの現状は、立場や年齢が上の者たちが積極的に若い世代の聞き手にまわるべきです。自分自身の経験や知識を若い世代に伝えるのではなく、謙虚な心を持って傾聴して若い世代に教えてもらうのです。理由は、アナタのアウトプットは必要とされていないからです。

誰にも響かない中年男性の自分語り

先日、福祉系の法人の飲み会に参加したときのことです。
50代の経営陣男性が20代の若手社員相手にとうとうと話していました。よく覚えているので、そのまま再現します。

50代上司　おまえらの時代は、少子化でゆとりだろう。だから仕事に対する体力がないんだ。俺らの時代は競争、競争で、誰に指示されなくても夜中まで残業していたぞ。

20代部下　そうですか……大変な時代だったのですね。

50代上司　いまは社会がうるさくなって、おまえらは損をしている。俺らの世代みたいにがむしゃらに働いて、仕事に対する体力をつけていかないとな。そうしないと、管理職になったときに苦労するぞ。もっと、頑張れ。

筆者は、ため息が漏れてしまいました。

上司は部下のことを想って話しているのでしょうが、自分たちの世代のほうが優れているという自意識が見えます。がむしゃらに働いて、仕事の体力をつけるのは同世代の筆者ならば理解できますが、聞いていた20代の部下は上の空でした。

昔はその意識は正しかったのですが、いまは時代が違います。この会話が痛々しいのは上司の無理解です。具体的な問題点は、自分の世代とゆとり世代を比較、自分の経験のほうが上だと思い込み、自分の経験や常識を上から目線で語っていることです。

この場面での正解は言うまでもなく、上司が20代部下を傾聴することです。飲み会の場なので仕事だけでなく、相手に興味を持って非アサーティブな態度を貫けば、恋愛や趣味の話など、どんどんと話は広がったはずです。

この上司は自分語りをしたことによって、情報入手と相手から信頼を得る機会を逃してしまいました。

これからの中年男性は、自分自身の利益のために、立場や年齢が上の者たちが積極的に聞き手にまわって傾聴するべきです。年齢を根拠とした上下関係は過去の遺物であり、敬老という意識も近々消滅していくはずです。

ポイント

いまは、中年男性が若者の話を傾聴し、情報をインプットする時代だ。

2章

利益を考え、共感しよう！

相手は聞いてほしいと恋焦がれている！

ルール4

「共感」「相手と一致」「否定しない」

誰もが聞いてくれる人を求めている

アナタは誰かと会話をしている場合、話しているときと聞いているとき、どちらが楽しいでしょうか。人肌が恋しかったり、少し寂しかったり、不安や悩みがあって悶々としていたり、そんなときに誰かに想いのままを話してラクになった経験があるのではないでしょうか。

人は誰かに話をしていると楽しいし、気持ちがいい。「いつも誰かに話をしたい！」と思っています。そして、聞いてくれる人をいつも求めています。

そんなときに誰かが話を聞いてくれたら、どうでしょうか。アナタは話を聞いてくれた相手に好感を持って、「また会いたい、また話をしたい」と思うのではないでしょうか。

ずるい傾聴では、相手のその熱望ともいえる感情を逆手にとります。

話をしたい、聞いて欲しいと願っている相手の気持ちに全面的に応えるのです。会話のときに真っ先に聞き手のポジションを陣取って、相手が切望する聞いて欲しい願望を叶えて、好感をゲットしていきます。

傾聴によって相手に好かれ、関係が好転したら、どうなるでしょうか。異性にまた会いたいと思わせ、上司に気に入られ、お客様だったら商品を買ってくれるかもしれません。ネガティブな場面でも同じです。クレーマーだったら怒りがおさまり、妻に浮気がバレたとしても、難なく切り抜けることができるかもしれません。

「共感」「相手と一致する」「否定しない」

口下手、人見知り、会話が続かない——コミュニケーションに悩んでいる人はたくさんいます。筆者も、ずっと人見知りが激しく、その三重苦に長年悩まされたので、よく理解できます。

きっと、コミュニケーション能力がない自分は、傾聴なんてできないと思っているでしょう。

安心してください。傾聴には相手を楽しませることも、相手に有益な情報を提供することも、必要ありません。

ただ相手の話を聞くだけで、相手も自分も満足する充実した会話にできるのです。まずは、その事実を理解しましょう。

傾聴に必要なのは、簡潔に言うと「共感」「相手と一致する」「否定しない」の3つをマスターすることです。それだけで、相手はどんどんと語ってくるようになります。

共感しよう

まず、相手の話には無条件に「共感」してください。

相手の話の内容が好きとか嫌いとか、相手の考えがいいとか悪いとか、相手を認めるとか認めないとか、アナタの主観は一切関係ありません。

相手と会話になったとき、自分自身の主観を入れることなく、相手の立場に立って相手の気持ちに共感していきます。仮に相手の話が嫌な内容でも、「そうなんですね」と共感しながら話を聞き進めていきます。

わんわん出版社の編集長と、部下の編集者という設定で例を見てみましょう。

編集者　あのう、猫の企画を考えています。
編集長　それは、いいね！　企画書を見せてよ。

たった、これだけのことです。傾聴の場面では、相手の言ったことには全面的に共感して話を進めていきます。相手がどうして猫の本を企画したのか、どのような本になるのか、相手の立場に立って聞いていきましょう。

ここでの注意点は、共感するのはいいのですが、相手に対して感情移入してしまう人がいることです。

自分の感情を相手に投影したり、また必死に投影しようとして、うまくいかない人を見かけます。ここでは猫の企画を考えた編集者に感情移入する必要はありません。そのまま共感しながら話を最後まで聞いて、ダメだったら却下してしまえばいいのです。

感情移入は必要ない！

あらゆる傾聴の場面で、感情移入は邪魔な感情になります。

「感情移入の不要」は重要なことなので、わかりやすく伝えるために、風俗嬢や貧困女子を取材する筆者の領域の話を出します。

「私、リストカットしています。毎日、毎日――」

目の前の女性が深刻な表情で、そう語ったとします。

リストカットは精神的に不安定な人が行うことであり、一般的には、できればやらないほうがいい行為です。その女性は、おそらくどうしようもない感情を抱えて、その行為をしていると想像できます。悲しく、かわいそうで、同情心も芽生えてしまうでしょう。

でも、ここでは相手の言葉と行為に共感し、「どうして切っちゃうの?」と話を進めるのが正解です。それなのに、このような状態がよくない相手に対して、同情や心配を心の中で思うだけでなく口にしてしまったり、自分を傷つけるのはいけないことだ、と正論を言ってしまったり、また相手の感情を深く理解しようとして混乱する人がいます。

相手はアナタではありません。感情の奥底まで理解できないのは当然のことで、相手が話していること、行ったことをそのまま受容するだけでいいのです。受容とは主観を入れないでそのまま受け止めることで、この場面では相手のリストカット行為を、善悪は置いておき、そのまま受け入れます。

同情されて正論を言われたら、おそらく相手は辟易《へきえき》してしまいます。そんなことは言われなくても、本人がわかっているからです。もちろん、会話はそこで終わりでしょう。最後まで聞くことなく会話を終了させるのは、傾聴では最悪の事態になります。主観が混じる感情移入は非常によくないので、すぐに消し去るべきなのです。

相手の立場に立って傾聴することが目的なのに、主観を入れて会話を終わらせたり、聞き手が混乱しては本末転倒です。感情移入は必要がないことは、わかってもらえたでしょうか。

相手と一致しよう

相手と自分自身の理解の一致を目指します。

自分と他人が完全に一致するのは不可能なので、あくまでも「目指す」ことになります。興味を持って相手のことを理解しようという姿勢、理解するまで聞こうとする姿勢が必要になってきます。

編集者　猫ちゃんのこの仕草が本当にエモいんです！

編集長　え、エモいって、どういう意味？

猫の本をつくりたい編集者との会話を進めていくうちに、「エモい」という知らない言葉が出てきました。エモいとは「心が揺さぶられる」「心が盛りあがる」という意味ですが、わからないまま聞き進めても、相手との一致がズレてしまいかねません。

わからないことが出てきたら、相手に訊《たず》ねて、なるべく一致することを目指していきます。相手のことを理解しようという姿勢を持つことで、だんだんと相手との一致に近づくことができます。

否定しない

最後の「否定しない」は、自分の好き嫌いや、社会や一般的な善悪をすべて取り払って、無条件に相手の立場に立つことです。自分がどう思っていても、その意見や感情は意識的に抑え込みます。絶対に口に出してはいけません。

編集者　子どもの頃から猫を飼っていて、もう圧倒的な猫派です。

編集長　猫はいいよね、犬もいいけど。

実は編集長は犬を飼っている、大の愛犬家でした。しかし、この傾聴の場面では犬派である自分の話は匂わせる程度で封印しています。危ないところでしたが、セーフです。猫派の編集者に共感しながら、「犬もいいけど」と付け加えるに止《とど》めて話を進めています。

仮に編集長がここで猫派の相手をねじ伏せるように犬の魅力を語ってしまったら、相手を否定することになってしまいます。否定すると、そこで話が終わってしまうので絶対にやってはいけないのです。

この場面は猫派犬派という牧歌的な会話ですが、相手が倫理に反することや非常識なことを言い出しても、同じです。相手が許せないことを犯していたとしても、否定をしてはいけません。許せないという主観を封印して、その気持ちを抑え込んで、どうしてそうなったのかという関心を持って聞き進めていかなければならないのです。

共感、相手との一致、否定しないことは、傾聴に絶対に必要な、基本的な姿勢になります。一つでも欠けていたら、ずるい傾聴のスタート地点にも立てません。

ポイント

基本は、「共感」「相手と一致する」「否定しない」。

ルール5 最初に立ちはだかる「モチベーションの壁」

猫は鰹節が大好きで
猫の本もブームで…
傾聴はくたびれる…
だからこそ利益(目的)が大事
私の話は面白い？
出世したい
モテたい
お客に気に入られたい!!
儲かる仕事ですよ
この仕事をゲットするぞ
私の話聞いて
もっと話したいの
この娘と結婚するぞ！

自分の利益（目的）を考えよう！

誰もが自分の話を聞いて欲しいと熱望しているということは、伝えました。きっと、アナタも同じでしょう。傾聴では、本当は誰かに聞いて欲しい自分を封印して、相手の話を聞くことになるのでストレスもかかります。これから会話の最中に、喋ってしまいそうな自分をグッと堪える場面も出てくることでしょう。

なので、ここでは傾聴する利益（目的）を考えることにします。

ずるい傾聴は、「相手からの好感」という結果を目指して、聞き手のアナタが利益を掴むことを目的としています。その利益を傾聴のモチベーションにするわけです。腹黒い考え方ですが、トクするために我慢する、と言い換えてもいいかもしれません。

よく「聞くことは相手をもてなすこと」とも言われます。

一つひとつの会話を意識しながら意図的に聞き手にまわると、相手との会話に重みが増して丁寧になります。傾聴を意識することで会話が丁寧になり、相手をもてなすという姿勢になれば、人間関係は良好になります。さらに、耳にする情報も増えていきます。必然的に自分の儲けにつながるわけです。

しかし、自分を封印し、相手の立場に立って相手の気持ちに寄り添っていく傾聴は、集中力が必要なので、正直かなり疲れます。実践するようになったら、楽しいのは自分の話をしている相手だけ、なんて場面は普通にあるでしょう。筆者も、つまらない話だったときなどはゲッソリしてしまいます。

そんな心が折れそうなとき、相手に対して集中力を切らすことなく、踏ん張る力を与えてくれるのが利益（目的）です。みなさんの日常生活の場面で、どんな傾聴が起こ得《う》るか、そこにどんな利益があるかを挙げていきましょう。

アナタ×部下

いま人材の争奪戦が激しいシリコンバレーが発祥となった1ON1ミーティングが企業で流行っています。部下の成長を目的とした、上司と部下の1対1のコミュニケーションで、その目的は上位2割の優秀な社員の離職を防ぐためと言われています。

形式的な報告やフィードバックという情報共有だけでなく、仕事の枠にとらわれず、どんどん部下の話を聞いていけば、創造的、画期的なアイデアも、それらの言葉から漏れてくるでしょう。さらに部下はアナタに話せば話すほど、アナタへの信頼が大きくなるはずです。

くれぐれも、部下に対して昔話、自慢話、否定することだけはないように気をつけてください。

（利益の想定◉部下や社員からの信頼、離職低下、チームビルディング）

アナタ×上司

上司に好感を持たれることで、マイナスはなにもありません。前章で「45歳以上のおじさんには傾聴しない」と言いましたが、上司に気に入られれば、評価が上がり、思わぬ昇進や抜擢《ばってき》があるかもしれません。

傾聴ができる上司だったら、アナタはたくさん話すことになるでしょう。でも、相手はおじさんです。残念ながら傾聴ができる上司は少数です。きっと、上司の昔話や自慢話、説教が始まるでしょう。そんな場面に遭遇して心では辟易しながらも、関係の好転という利益をモチベーションにして、耐えながら傾聴に励みましょう。

上司の気持ちに寄り添えば、どうしてそんな自慢話をするのかもわかるかもしれません。身近な人をより深く理解するのは、ポジティブにしろ、ネガティブにしろ、面白いことです。上司との会話や人間関係を面白がりましょう。

（利益の想定◉昇進、昇給、抜擢）

アナタ×お客、取引先

言うまでもなく、利益の根幹となる層です。どんな人でも、ここでは緊張感を持って傾聴のモチベーションは保てるでしょう。傾聴によって相手の情報を掴み、信頼関係を築ければ、大きな利益が見込めます。

またミスやクレームがあったとき、相手の話を最後まで聞くことができれば、迅速な問題解決につながるかもしれません。

（利益の想定◉売上アップ、成績上昇、問題解決）

アナタ×妻、夫、恋人

女性は相手に共感を求め、男性は解決を求めるとよく言われます。

傾聴は特に女性に対して、めちゃめちゃ効果のある手段です。意識的に自分の言葉を減らして、相手の話を聞いているだけで充実した時間となる可能性が高いのです。とにかく共感しながら相手の話を聞きましょう。

一方、男性相手の傾聴は簡単です。興味を持って質問をするだけで、男性はあふれるように喋るでしょう。おそらく男性は聞きたくなかった余計なことも思わず喋ってしまうでしょうが、相手のことを知ることができたと思ってプラスに考えましょう。

（利益の想定◉信頼、好意、関係の改善、発展）

アナタ×子ども、孫

身近な存在だからこそ、難しい相手です。

子どもに対して「勉強したの！」「将来、YouTuberになりたいなんてバカなことを言うな！」などなど、アナタの否定の言葉が浮かびます。

アナタが子どもに大きな期待と心配があるのはわかりますが、期待や意見を一度封印して、子どもの話に耳を傾けてはどうでしょう。子どもはアナタが知らないことを、どんどん話してくれるでしょう。

そうなれば、おそらく親子関係は良好な方向に改善し、子どものことをもっと知ることができるはずです。メリットしか浮かびません。

いつの時代も現役を退いて取り残された高齢者のコミュニケーション能力のなさは深刻です。あちこちで「老害！」と嫌われていることはご存じでしょう。高齢者はとにかく自分の時代の感覚で語り、判断して、独りよがりになりがちです。敬老意識が急激に希薄になっているなかで、アナタが老害と罵られるのは、現状のままであれば仕方がないでしょう。

高齢者の方々は、自分は古い、時代遅れの情報弱者、過去とはまったく別の、現役の世界があるという自覚を持ちましょう。敬意を持って現役世代の子どもや孫を傾聴し、新しい価値観や情報に触れてはどうでしょう。自分の時代の感覚を捨てて、いまを知ることで、親子関係、孫との関係は劇的に改善するはずです。

（利益の想定◉関係の改善、好感、情報の入手）

アナタ×友だち

聞き手にまわることを意識することで、友だちとの会話はその場のノリではなくて丁寧になるはずです。少なくとも関係は維持されるでしょう。会話において、相手が話すことが増えることで、新しい情報をどんどん入手できます。

聞き手にまわる傾聴ができて、初対面の会話を難なく乗り切ることができれば、人脈や交流関係もどんどん広がります。人間関係が広がれば、なにが起こるかわかりません。大きな利益のある依頼や誘いがあるかもしれません。

(利益の想定◉関係の維持、発展、人脈と交流関係の拡大)

アナタ×婚活、恋活

妻、恋人のケースでも言いましたが、相手に共感を求める女性と傾聴は、抜群に相性がいいのです。

共感して傾聴をするだけで女性からの評価は上がり、現状よりも会話が充実し、結果としてモテることは間違いありません。聞き上手になれば、異性の友だちが増える、恋人ができるなどの利益があるでしょう。

婚活は競争の激しい場面です。多くのライバルが自分語りをするなか、傾聴ができる男性は女性から選ばれる可能性が高くなります。婚活はスペック競争です。傾聴や聞く会話の結果として、相手から好感を得て、ライバルよりも加点されることは間違いありません。

〈利益の想定◉モテる、友だちが増える、恋人ができる、成婚する〉

傾聴することによる利益は、ザっと考えただけで無数に出てきます。

部下から信頼されて、上司に好かれ、成績が向上し、異性からモテ、家庭が円満になるなどなど、もはや利益の宝庫だと言えます。それがなんの投資も、難しい勉強をすることもなく、ちょっとした意識と行動、簡単なスキルと実践でできるのだから〝傾聴はおいしい〟のです。

傾聴によってもたらされる大きな恩恵は、「聞き上手は成功する」と言われる所以《ゆえん》でしょう。しかし、傾聴にはモチベーションが必要です。相手と会話になったとき、まず利益（目的）を定めて相手の話に耳を傾けましょう。

《おまけ》

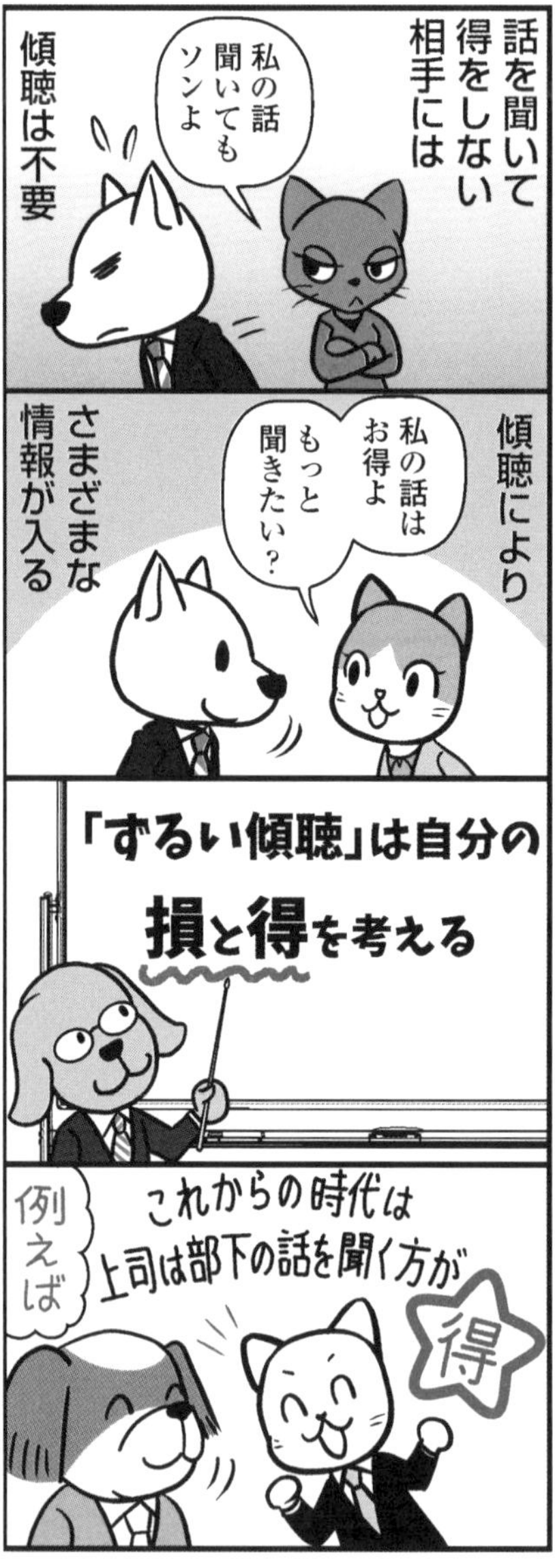

ポイント

傾聴力は、利益をモチベーションとして使う。

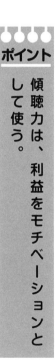

3章

自分を知り、相手をとことん受容する

話を最後まで聞くためのメンタル調整

ルール6 相手の言葉を受け止めるコツを学ぼう

相手の話を、必ず最後まで聞く

傾聴は相手の話を最後まで聞くことです。これがなかなか難関なようで、多くの方はこれができません。どうしてできないのか、いくつか例をあげてその理由を考えてみることにします。

①相手が言ったことを否定してしまった。

相手　子どもが好きなので、将来は保育士になりたいんです！

自分　いや、保育士は給料が安いし、ブラックだし、苦労するよ。

「いや、」という言葉から始め、返答の初っ端から否定語を使っています。否定とは、このようなケースです。誰にでも失敗してしまった苦い経験があるのではないでしょうか。

「！」がつくイントネーション的に、相手はアナタを信頼して、将来の夢を肯定されることを前提で話しています。さらに保育士という社会的に必要な仕事を目指しているので、まさか否定されるとは思わなかったことでしょう。

このようなアナタ的には相手のことを想っている、悪気のない否定の言葉は、気が緩んでいると言ってしまいがちです。相手が自己開示した重要な発言を否定した時点で、この会話は終わってしまいます。

否定しないことは傾聴の基礎、聞く会話の基本です。

このような初歩的なミスを犯してしまうと、もう取り返しがつきません。会話が終わるのは当然、人間関係も継続できるか、微妙なことになってしまいます。

②自分の意見を言ってしまった！

相手　子どもが好きなので、将来は保育士になりたいんです！

自分　あ、そう。でも、保育はブラックなので看護師のほうがよかったのに……。

相手の話を最後まで聞かないで自分の意見を言ってしまうのも、よくあるケースです。

相手は「子どもが好きで、保育士になりたい」と言っているのに、看護師というアナタの意見を言ってしまいました。

「否定＋自分の意見」なので、相手のことを思って失言した①のケースよりも悪質です。傾聴ではありえない大きなミスになります。

相手の話のゴールまで到達するのは、最後までミスが許されない綱渡りみたいなものであり、それが話を最後まで聞けない人が多い理由です。アナタは日常的に会話のどこかでミスをして、会話を終了させてしまっているわけです。

③女性に対して自己アピール。（自分語り）

相手　子どもが好きなので、将来は保育士になりたいんです！
自分　そうですか。僕は親が弁護士で、僕も司法試験の突破を目指していて……。

男性から自慢話や自分の話をされて、「私の話はほとんど聞いてもらえなかった」というのは、女性たちからひたすら耳にする苦言です。「保育士→弁護士」という流れなのでマウンティングと自慢の要素も入ってきて、最悪を超える返答だと言えます。
どうしてこのような会話の流れになるのか、アナタの発言を聞いた瞬間に相手に疑問符が浮かんでいるでしょう。特にツールを使って出会う婚活や恋活の初対面の場、また合コンなどの場面で、このミスは起こりそうです。「異性に自分のアピールをしなくては！」という誤解や気負いがあるのかもしれません。

女性は会話に共感を求めています。
共感が絶対条件である傾聴との相性は抜群なので、女性を相手に会話をするときは、自分の話をしないと心に誓ってのぞんでもいいくらいです。傾聴するという強い意思を持つだけで、この女性相手のミスは回避できます。

④若い世代に昔話。（世代違い）

相手　子どもが好きなので、将来は保育士になりたいんです！

自分　君は知っているかな。保育士って私の若い頃は保母さん、保父さんと呼ばれていたんだ……。

若い世代に昔話をしてしまうのは、年功序列の名残と、自分の経験や知識が相手よりも優れているという驕《おご》りがあるのでしょう。

時代の流れが緩やかで、年功序列が機能していた時代は、年長者が経験を語ってくれる昔話にも価値があったかもしれません。しかし、いまは相手から強く求められる場面以外で、昔話など誰も求めていません。若い世代に届かない程度ならまだいいのですが、こんな会話を続けていると、つまらない人、老害と敬遠され、いずれ排除されてしまいます。

思わず昔話をしてしまう癖のある人は、すぐに昔話をしない自分に変えていく必要があります。口をつぐむ必要があるのです。しかし、上の年齢の方々には誰も注意してくれる人がいません。独りよがりで致命的な欠点に、本人はいつまで経っても気がつかないままなのです。

⑤相手の話を奪って、自分の話。（共通項探し）

相手　子どもが好きなので、将来は保育士になりたいんです！

自分　いやー、そうなんだ。従妹が保育士でさ、去年結婚したんだよね……（略）。

相手の話を聞いていたはずなのに、いつしか相手の話を奪って自分の話をしてしまった、というのもよくあるミスです。

相手が保育士になりたいとせっかく話してくれたのに、保育士の共通項から従妹の話になってしまいました。アナタは相手と仲良くなりたいと共通項を探していたのでしょうが、従妹の結婚なんて、まったく不必要な情報です。

傾聴の場面で、相手との共通項探しは必要ありません。この場面では「いつから子どもが好きなの？」とか「保育学科に進学するの？」など、相手軸で話を進めていくのが正解です。

このようなミスは聞く会話をする、傾聴する覚悟と、自覚によるメンタルの調整でおおよそ回避できます。「共感」「相手と一致」「否定しない」が求められる傾聴において、自分がどのようなミスを犯す可能性があるのか、これまでにどのようなミスをしてきたのか、自分自身を振り返って見直してみましょう。

傾聴には自己の理解と、それを踏まえてメンタルを調整することが必要不可欠となります。

ポイント

よくあるミスをチェックして、相手の話を最後まで聞けるようになる。

ルール7

受容力を高めるために、自分を知ろう

自分で自分を理解しよう！

傾聴は相手の立場に立って、相手の気持ちに共感しながら相手を理解していく行為です。

ここで重要なのは、相手のことは相手にしかわからないということです。しかも、相手は自分のことを知って欲しいと思っています。

アナタが思っているより、現実は複雑怪奇で、めちゃくちゃです。きっと、すぐに想像を超える相手の語りに遭遇することになるでしょう。アナタはどんな話が出てきても、「相手の立場に立って相手の気持ちに共感しながら相手を理解」できるでしょうか。

傾聴は自分自身の受容力が試される行為でもあるのです。受容力とはそのままの相手や、そのままの現実を、自分の主観を入れることなく受け止められる力のことです。

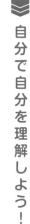

アナタはなにを受け入れることができて、なにができないのか？
なにが善で、なにを悪と思っているのか？
どういうときに怒り、また悲しくなるのか？
なにが好きで、なにが嫌いなのか？

誰かを傾聴する前に、自問自答して考えてください。まず自分のことを理解していきましょう。**自己の理解が必要な理由は、自分が受容できないことはなにか、どういう場面で相手の話を否定してしまう可能性があるか、それを自分で知るためです。**

自分自身の根本的な性質は、生まれてから現在まで長い時間をかけて培《つちか》ったものです。簡単には変えることはできません。自己の理解をして自分自身のことを強く感じながら、意識的に封印しないと、傾聴の重要な場面で「相手を否定してしまった！」みたいなことになりかねないのです。

筆者の質問に答えてください！

自己理解、自己覚知（自分を知ること）の心理学的な方法はいろいろとあるのですが、それはネットで検索して、それぞれ試してみてください。

ここでは筆者がアナタに質問するので、「自分はどうだろうか?」と考えて答えて欲しいのです。答えは「①嬉しい、楽しい」「②なんとも思わない、仕方がない、どうしてだろう?」「③悔しい、許せない、悲しい」の3つを用意しました。みなさんは、どれに該当するでしょうか。

◆仕事

【質問1】同期の同僚が先に昇進しました。どう思いましたか?

【質問2】同僚が不正行為に手を染めています。どう思いましたか?

【質問3】上司が特定の若い異性の同僚を贔屓《ひいき》しています。どう思いましたか?

【質問4】部下が陰でアナタの悪口を言っていました。どう思いましたか？

◆家庭

【質問5】夫、妻が不倫していました。どう思いましたか？

【質問6】夫が風俗、妻がホストクラブにハマっています。どう思いましたか？

【質問7】夫、妻がガンで亡くなってしまいました。一年後、アナタはどのような感情でしょうか？

◆恋愛

【質問8】恋人が嘘をついて二股をかけていました。どう思いましたか？

【質問9】恋人が風俗で働いていました。どう思いましたか？

かなりネガティブな厳しい質問を並べてみました。共通しているのは自分には関係ないところで、極めて身近な相手に起こったことだということです。相手のことを聞いたアナタの感情は、どうだったでしょうか。さすがに①の選択はないでしょう。②もしくは、③のどちらが多かったでしょうか。

傾聴に最も適したメンタルは②になります。

②が多ければ多いほど、相手の話を否定する可能性は低くなり、主観を入れないで、少し離れた位置から相手に寄り添えるようになります。

どの質問が③だったでしょうか。相手が③のケースを語ったとき、アナタは否定してしまう可能性があります。相手のことを否定する可能性がある事象を自己理解していれば、そのような話に遭遇したとき、否定することを回避できるでしょう。

「このような許せないこともあるネガティブな事象を、アナタが認めるべき、怒りの感情を抑えこむべき」と言っているわけではありません。傾聴の最中に相手を否定する可能性を低減させて、相手の話を最後まで聞くことが目的なのです。もっと言うと、自分に利益を誘導するために、相手の話に感情が飲まれないようにメンタルを強くする必要があるわけです。

たとえば夫や妻の不倫や裏切りは、日常生活のなかでかなり厳しい場面です。きっと、怒りや強い憤りを感じるでしょう。しかし、もう起こってしまったことです。最後まで話を聞いて現実を把握したほうが、問題解決に近づきます。

傾聴は「相手と一致する」行為なので、つらい場面でも主観を入れてはいけないのです。最後まで相手の話を聞き、現実を把握し、そこからどうするか考えるのが望ましい姿勢になります。

日々、運動をするように「もし会社を解雇になったら?」「もしパートナーが不倫をしていたら?」などなど、自分自身のネガティブな場面を想像することは、傾聴力を上達させるトレーニングになります。まさにイメージトレーニングです。

ポイント

自分を知り、傾聴ではどんな場面でも自分の主観を入れないよう努める。

ルール8

自分に色をつけない。人の死には慣れる！

動揺しない
自分の主観を入れない
死
病気
自分の主観があると
相手は話しにくくなる
例
ぎっくり腰なんて大したことなかったよ
平気平気！
大変だったのに…
傾聴の際には 自分の
思想も押し殺す
思想的に右・左
など
あらゆることを
受容できる
器の大きさが必要

多死社会、人の死に慣れる！

この原稿を書きながら「Ｎｅｔｆｌｉｘ」の恋愛リアリティーショー『あいの里』を観ています。35歳以上の男女が古民家で共同生活をしながら、人生最後のパートナーを探すという番組です。

中さんという、８年前に妻をガンで亡くした60歳の男性がある女性とゴールイン直前に、泣きながら妻を失った喪失感や悲しみを語りだし、結果的に告白を断られるシーンがありました。ＭＣのいる会場では、亡くなった前妻への思いが強い中さんは肯定的、感動的に受けとめられていましたが、筆者は呆れてしまいました。

中さんの妻が亡くなったのは８年前であり、ガンなので急死ではなくだんだんと衰弱して亡くなったはずです。心の折り合いをつける膨大な時間はあったはずですが、中さんは新しいパートナーを探す恋愛番組の重要な場面で、悲しみに暮れる自分を表に出してしまいました。

メンタルが弱すぎます。中さんのような死に対して過剰な反応をする人は、**傾聴で死の話に遭遇したとき、動揺して感情が揺さぶられてしまうでしょう。予想できる事態は、相手以上に死を重く受け止める「相手との不一致」です。**

様々な経験をしてメンタルが強固な女性に、告白を断られるのは当然です。死別という個人的な体験を必要以上に重く受け止めてしまうと、傾聴の失敗程度ならば軽傷ですが、中さんのように人生において重要な場面で失敗して、未来を閉ざしてしまうことになりかねないのです。

傾聴に戻りましょう。たとえば、相手がアナタに対して大切な人の死を語ったとき、アナタが独りよがりで過剰な反応をしてしまうと、「相手との不一致」となってしまいます。

聞き手が相手の感情からズレると、相手は話をしづらくなります。結果として否定に近い態度になって、相手は理解をしてもらえないアナタに対して死の話はしなくなるでしょう。相手に気を遣わせた時点で、傾聴は失敗です。どんな場面でも、傾聴に主観を入れてはいけないのです。

日本はこれから凄まじい多死社会になります。残念ながらこれからアナタのまわりの人たちは、どんどんと死んでいきます。

過剰反応して悲しみに暮れ、すべての死に対して喪に服していたら、もう生涯なにもできないなんてことになりかねません。過酷な人口減少の時代となる令和は、人の死に慣れなければならない状況です。社会と傾聴はつながっています。死に対してだけではなく、時代の状況を意識しながらメンタルを社会に合わせた状態に調整し続けることが必要なのです。

聞き手は自分の色をつけない

傾聴で自分がトクをする。利益を掴むことを考えると、幅広い人々の話を聞ける状態に自分自身を調整していかなければなりません。人は十人十色です。アナタのまわりにも、本当にいろいろな人がいることでしょう。

傾聴では自分の色をつけないことも重要な要素になります。

たとえば政治思想です。正義感が強くて、より平等な社会を目指す左翼寄りの人もいれば、右寄りの人もいます。ツイッターで左派を執拗《しつよう》に攻撃するネトウヨみたいな人もいるかもしれません。

傾聴は相手に寄り添いながら、相手と一致していく行為です。聞き手に偏った思想や思考があるとすると、相手は話しづらいし、アナタも考え方が違う相手のことを否定してしまうかもしれません。

偏った思想や思考がある場合、自己の理解や自己覚知によって自分自身を理解して、相手には当然、他人にも、知られないほうがいいでしょう。ＳＮＳで偏った思想や思考を執拗に投稿しているような人、ヤフコメなどに誹謗中傷みたいなことをしている人は、直ちにストップしたほうが賢明です。

自分自身に色をつけないほうが、傾聴ができる層が広がり、相手も安心して語りやすく、人脈も拡大しやすくなります。あきらかにトクなのです。

余談ですが、政治思想で分類した場合、経済合理性や新自由主義を認めている保守や右寄りの思考の人のほうが利益を生みだしています。人権や平等を主張する左寄りの人物よりも、保守や右寄りの人物のほうが儲かっているわけです。

新自由主義が蔓延している社会のなかで、実現しそうにない理想や空想に囚《とら》われて、目の前にある利益を逃してしまうより、否定しないで柔軟に理解の幅を広げたほうがトクでしょう。政治思想は曲げる必要はないと思いますが、自分に色をつけないためにも、偏った思想は、他人に知られないほうがいいのです。

ポイント

死、政治思想など、話をストップさせる主観は封印し、受容力を高める。

ルール9 女性の奔放な性と、過酷な現状に慣れる！

性を売る女性を受け入れる

いまは男女平等社会に変革している過度期です。セクハラやパワハラは徹底的に取り締まられ、過去の習慣に囚われた数々の男性がスケープゴートとなっています。

女性の貧困が深刻化しながらも、社会進出した女性たちが自由になっている時代でもあり、女性の現実や社会における女性像が、世代によってまるで変わってきています。そういう時代なので、より多くの人々を受容できるようになるために、筆者が詳しい領域になってしまいますが、女性の性や女性の売春にも慣れたほうがいいでしょう。

日本は2004年を境にして国民の貧困化、少子化を進めています。日本の人口動態と国民の貧困化には相関関係があり、簡潔に言うと、2004年の労働法改正によって非正規雇用者が激増し、大学奨学金の独立行政法人化によって学生たちが負債を抱えるようになり、女性の貧困が始まりました。

女性の貧困が深刻になったことで風俗店には志願者が殺到し、金銭目的の不倫やパパ活が蔓延しました。女子大生たちは学生生活継続のために夜職に就き、2年前からは新宿歌舞伎町にはZ世代の日本人女性の街娼が毎日大量に並ぶようになりました。もうどうにもならない、めちゃくちゃな状態です。

女性の貧困が始まって十数年、筆者は過酷な状態に陥った女性たちを何十人、何百人と知っています。当時、売春をしなければならなかった女子大生たちは企業に就職し、また結婚して母親になり、社会のあらゆる場所で生活しています。ＰＴＡのお母さん、大企業総合職、教師、保育士、看護師、いろいろいます。

貧困から抜けだして普通に生活する女性もいれば、就職しても売春的なことを続けている女性もいます。

女性の売春は一般化してあまりに人数が多いので、受容力をつけたアナタが傾聴を続けているうちに、思わぬ場所からすぐに売春経験のある女性は現れるでしょう。多くの男性は女性の風俗勤めや売春、女性の性を換金するような行為を嫌います。嫌いでなくとも、ネガティブな意識を持っています。

傾聴のとき、否定される可能性があることは、相手は話しません。もし相手が過去や現在進行形の風俗経験や売春経験のことを話した場合、絶対に否定してはいけません。その行為に共感し、話を聞き進めてください。

夜職や売春する女性の増加は、その女性の自己責任による結果ではなく、国が決めた政策による影響が大きいのです。なので、アナタが想像しているよりも人数は膨大であり、嫌い、苦手、偏見という主観によって、アナタが自分自身の感情を揺さぶられるような状況ではありません。慣れましょうとは、そういうことです。

ポイント

風俗経験や夜の仕事の話をする女性の会話もすべて受け入れる。

ルール10

3対7、もしくは2対8の会話を意識する

失敗を繰り返して、試行錯誤

筆者はノンフィクションライターです。傾聴を覚えたのは講座や座学ではなく、すべて実践から試行錯誤して身につけています。

学生時代からライター10年目くらいまで、ずっと人見知りで口下手という性格でした。対人コミュニケーションがだいぶ楽になったのは、ライターになり、人から聞くことを生業《なりわい》にして傾聴を意識してからです。

ライターになったばかりの頃、インタビュアーなのに緊張してなにもしゃべれない、相手が一切しゃべらない、また相手のことを否定したり、相手にアドバイスしたりと、ありとあらゆる失敗を繰り返しました。

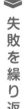

筆者は、たまたまAV女優や風俗嬢の取材を任されていたので、彼女らに対して「そんな仕事は辞めたほうがいい」のような、一方的な主観でしかない意見を言ってしまったこともありました。

筆者のミスというか、圧倒的に不足している能力は受容力でした。その無能さを補ったのは、ライターを続けたいという利益のモチベーションです。ライターを続ける利益のために、失敗しながら、できない傾聴を続けました。

意識をしたからといって、人の受容力は変わることはありません。

相変わらず失敗は続きましたが、あるとき、自分がしゃべらなければ、会話が順調に成り立つことに気づきました。気づいたからといって、すぐに実践ができて成果が出るわけではありません。

しかしその事実に気づいてから、重荷が軽くなり、だんだんと自分自身の偏った考えや思い込みに気づき始めました。結果として、主観を捨てて自分の発言を意識的に減らすと、相手がどんどんと語るようになったのです。つまり、傾聴のために自分の発言を限界まで削るという方向転換をしたわけです。

そこから口下手という元々の気質が、取材で初めてプラスに働きました。元々あまり話をしないので、主観を捨てて傾聴するという行為をすぐに実践できたのです。

聞き手が「相手7、自分3」に会話を調整

がっちり傾聴する取材やインタビューと、プライベートでの聞く会話では比率は若干変わりますが、本書のテーマである傾聴を意識したプライベートでの会話のバランスは「相手7、自分3」がベストでしょう。これは黄金比です。

傾聴の場面では、その会話は聞き手が支配しています。会話は聞き手の質問から始ま

り、聞き手の質問によって展開するので、相手の発言量を調整できるのです。黄金比は相手が自分に対して2倍以上発言しているという感覚でしょうか。誤差はせいぜい10パーセント程度に抑えたいところです。

筆者でさえ、たまに許容範囲の10パーセントを超えて、自分が4や5を話してしまうというミスをします。黄金比が崩れる理由は、気の緩みです。自分が話しているほうが楽しいので、傾聴のスイッチを入れることなく、思わず喋ってしまったみたいなケースです。

黄金比が崩れると、本当に落ち込みます。

最近は取材やインタビューで失敗することはあまりありませんが、たまに思惑通りに相手がしゃべらず、こちらが話す場面が増えて「相手4、自分6」みたいな結果となったりします。

取材では事前に相手のことがわからないので、失敗は仕方のないことですが、取り返しのつかないことをしてしまった違和感は抜けません。終わった後なので時間は戻せません。筆者も、人目のないところで「わーっ！」と叫んだりすることがあります。

ポイント

相手が話すのが7、自分は3。これが黄金比。誤差は10パーセント以内。

ルール11 自分の好き嫌い、趣味嗜好は封印する

中日のファンなの
僕はヤクルトファン！
✕ 自分の考えは封印する
ホラー映画が好きなの
オススメの映画は何かな？
ポチッ
利益
会話になった瞬間傾聴スイッチON！
ねえあなたのこと教えて
うん！
相手に求められて初めて自分のことを伝える
傾聴スイッチを入れて相手の話に共感すれば
大きな利益が生まれる

主観で相手の話を潰してしまう

アナタの好き嫌い、趣味嗜好は封印します。相手との一致を目的にしているので、アナタの好き嫌いは入る余地がないわけです。

善悪も、合法違法も、同じです。相手が絶対に許せないことや脱法行為をしていても、相手が語っていることを悪いと言ってはいけません。いくつか場面を想定して、悪例を挙げてみましょう。日常でよくある風景ですが、すべてやってはいけない会話になります。

◆プロ野球ファン

相手　生まれが名古屋でして、子どもの頃から中日ファンなのですよ。

自分　そうですか。僕はヤクルトのファンクラブに入っていますよ。

◆婚活のお見合い

相手　イタリアンが好きなので、よく友だちと表参道の店に行っています。

自分　そうですか。僕は和食派です。母の手料理が一番なので外食はあまりしません。

◆風俗嬢

相手　大学学費のために1年前から夜職やっています。

自分　君は、こんな仕事やるべきじゃないよ！

◆友だち同士

相手　実は3カ月前から不倫しているんだ……。

自分　え、そういうの嫌いなんだ……許せないんだ。

自分の好き嫌い、趣味嗜好が混じった、よくない返答を挙げてみました。

すべての悪例は、せっかく相手が自己開示をしてくれたのに、自分の主観で返答して話を潰してしまっていることです。相手の話を聞く傾聴をしているのに、自分の主観を強く入れ込んでしまうと、そこで話は終わってしまいます。

自分のことはすべて封印すると決めれば、この種の返答は回避できます。しかし無意識の状態では、このような返答をしてしまうこともあるでしょう。やはり自制をするために、傾聴する、聞く会話をしているという強い意識が必要なのです。会話になった瞬間に自分の利益を想定し、自分へのスイッチを入れて切り替えましょう。

傾聴すると決めて会話にのぞめば、中日ファンには「好きな選手は誰なの?」、風俗嬢には「学費ってそんなにかかるの?」、不倫する友達には「相手はどんな人なの?」と、すんなり話を広げていけるのではないでしょうか。

でも、アナタは相手に自分はヤクルトファンだと伝えたいのでしょう。しかし、自分の話をするタイミングが間違っているのです。

相手の自己開示があったらチャンスだと思いましょう。瞬時に自分の利益を想像し、スイッチを入れ、自制が効いている傾聴モードに切り替えます。自分を封印し、相手に対して前のめりになって最後のゴールまで聞くのです。アナタの話をするのは、相手が最後まで語った後か、もしくは相手から質問をされたときです。そのときは答えてください。

相手に求められて、初めて自分のことを伝える癖をつけましょう。

自己開示のあった相手の話を最後まで聞くと、話が思わぬ方向まで展開して面白くなることがほとんどです。中日ファンの相手に、僕はヤクルトファンと言って話を終わらせるのは、非常にもったいないことです。

ポイント

相手から自己開示があれば、主観は封印して、すぐにスイッチを入れる。

ルール12 会話で女性を楽しませようと思わない。「ねえねえ、聞いて」理論を使う

学園のアイドル
緊張
面白いこと話せない
女性はみんな「ねぇねぇ聞いて」と考えている
昨日面白いTV番組があったの
聞くだけでいいのか
女性だけでなくすべての人は「話を聞いて欲しい」と考えている
女性に限らず相手が話したいことを
面白い動画があったんだ
へーそれは面白そうだ
聞くだけでいい

「ねえねえ、聞いて」理論

年齢を問わず、女性に対して過剰に緊張してしまう男性がいます。男子校育ちの筆者もそうでした。女性を前にすると、うまく話せるだろうか、会話を盛り上げることができるだろうかと構えてしまうのです。そして実際に対面すると、おそろしく緊張してしまいます。

その苦手意識を克服したのは、仕事で半ば強制的に女性に会わなければならなくなり、傾聴を覚えてからです。すでに伝えたように、**人は話したい生き物であり、女性は共感を求めています。**

楽しませるわけではなく、面白いことを言うのではなく、女性の話を共感しながら聞いているだけでいいのです。苦手意識を持って悩んでいた頃と較べると、あまりに簡単

な事実に拍子抜けしたほどです。

女性を前にするとガチガチに緊張して固まってしまう、意識してなにも話せなくなってしまう人は、すべての女性に対して「ねえねえ、聞いて」と話しかけられていると思いましょう。

これを「ねえねえ、聞いて」理論と名付けます。

もちろん、実際にそう言われるわけではないですし、相手はアナタに対して興味関心があるわけではないとしても、そう思い込んでしまってもいいでしょう。話に共感すればするほど、相手の心は開いてくるはずです。

女性に話しかけてみましょう！

相手との会話は「挨拶や簡単な雑談→聞き手が質問→相手が答える」という流れです。雑談は奥深く、様々な書籍が販売されていますが、ここでは難しい雑談は省きましょう。女性に対して場に合った質問をするだけです。


「学部はどこですか？」

「西洋哲学の授業、難しいですよね？」

「なんのバイトをしているのですか？」

「ジャニーズが好きなのですか？」

「ご自宅はどこなのですか？」

「担当のプロジェクト、うまくいきました？」

「営業の成績、すごいですね？」

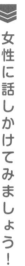

初対面、もしくは会話をしたことがない女性を想像して、適当に書いてみました。ちなみに髪型や服装を整えて、清潔感があることが大前提です。女性は、清潔感がなかったり、気持ち悪い人とは会話をしたがりません。

こんな質問を投げるだけで、会話は始まるはずです。相手の答えをちゃんと聞きながら、言ったことに共感し、話が終わったら会話の脈絡からズレない質問をするだけです。

ジャニーズ好きの女性を想像して会話をしてみます。

自分　ジャニーズ好きなのですか？
相手　そうなんです。ジャニオタです。なにわ男子が好きでファンクラブにも入っています！
自分　へー、それはすごい。誰を推しているの？

相手　大西流星くん。本当に好きでテレビもユーチューブも全部視《み》ています。
自分　僕もこの前、番組で視ました。めちゃめちゃ人気だよね。
相手　そうなんです。ライブもまったくチケットが買えないし。

こんな感じで、相手はどんどん話してくるのではないでしょうか。
次章で詳しく解説しますが、この会話でしていることは、**「相手が答えやすい質問を投げて会話を開始する→返答に共感する→相手の返答を踏まえた質問をする」**。それだけです。
オタクにとって推しの話をするのは、なにより楽しい時間であり、共感されれば嬉しくなります。楽しませよう、盛り上げようと気負うのではなく、相手が話したいことを聞いていればいいのです。

ポイント

女性は話したい生き物であり、共感を求めている。もちろんアナタにも。

ルール13 ズレた質問に気をつけ、相手の話に集中する

会話はできるだけ長く続ける

会話が始まったら、相手の話に集中します。

繰り返しますが、相手と会話が始まった瞬間に利益を想像し、自分の傾聴スイッチを入れます。聞くというモチベーションを上げて、相手の話に集中できるように自分の状態を整えます。

会話が始まったら、相手となるべく長く話すことを目指しましょう。

自分のことを伝える、自分をわかってもらう、相手との共通項を探すみたいなことは、一切必要ありません。質問して会話が始まったら、相手が話したことに共感し、相手がもっと話せるように、相づちと質問によって後押ししていきます。

ズレた質問の典型例

ここで気をつけるのは「ズレた質問」です。

相手が話したいことがあるのに、その気持ちからズレた質問をすることによって、会話を潰してしまうのは典型的なミスです。

このミスは誰でも、何度も経験があるはずです。自分の会話を振り返ったり、まわりの会話を見てみましょう。ズレた質問によって話が潰れている風景は、どこにでもあります。前項ジャニオタ女性との会話を使い、悪例をつくってみましょう。

◆悪例

自分 ジャニーズが好きなのですか？

相手 そうなんです。なにわ男子が好きでファンクラブにも入っています！

自分 ジャニーズだったら嵐しか知らないよ。嵐は？

相手 嵐は……まあ、櫻井くんとか悪くないけど……。

自分 『ニュースＺＥＲＯ』に出ているよね。

アナタも、こんな会話をした経験があるでしょう。

せっかく相手がなにわ男子の話をしたいと自己開示しているに、自分はなにわ男子を知りませんでした。なんとか共通項を見つけようと、自分が知っている関係ない嵐の話を持ちだして会話が潰れてしまいました。

なにわ男子に共感することなく、自分が知っている嵐を持ちだして話をズラしたことが敗因です。

会話の最初でこのようなミスをしてしまうと、最後まで聞くことは叶いません。ズレてしまったので傾聴は失敗です。嵐が出てきてからの会話は惰性であり、相手から信頼されることはありません。

◆正解

自分　ジャニーズが好きなのですか？

相手　そうなんです。なにわ男子が好きでファンクラブにも入っています！

自分　へー、そうなんだ。なにわ男子は知らなかった。どんなグループ？

相手　関西ジャニーズのグループで、大西くんと西畑くんと……（略）。

ズレた会話をしないためには、自分自身を封印して、相手との一致を強く意識します。このケースでは、「へー、そうなんだ」と共感し、正直に知らないことを伝えて、相手に教えてもらうべきでした。そうすれば、話が続いて、相手に信頼され、新しい情報を掴むという一石三鳥だったのです。

ポイント

ズレた質問は話を終わらせる。悪い例を学び、しないよう気をつける。

ルール14

否定癖、比較癖、マウント癖を直そう！

否定は絶対にダメ！
「いや」✕
「でも」✕
私は〇〇がいいと思う
僕は△△のほうがいいと思う
比較は禁止✕
自己肯定感の低い人は否定癖があるので
会話では相手の上に立とうとしがちです
どうしても伝えたい場合は相手が最後まで話した後がベストです
私は〇〇がいいと思う なぜなら□□だから

「いや、」「でも、」を生涯封印する！

会話のとき、「いや、それよりも」「でも、こっちのほうが」などと否定が癖になっている人がいます。否定癖は傾聴以前の問題ですが、いますぐに矯正する必要があります。

◆悪例

相手　オレ婚活を始めてさ、街コンに行ってきたんだよね。

自分　いや、男が大勢いる街コンなんて出会えないよ。結婚相談所に入会しないとダメだよ。

この具体例は「否定→即アドバイス」という最悪のケースです。

ここまでの否定は傾聴において絶対にNG、相手との一致からズレるアドバイスも非常によくありません。相手にアドバイスをしようという気持ちを抱えて会話をすると、必ず失敗します。

否定は許されない反応であることは何度も伝えましたが、それが無意識に癖になっているとなると、傾聴以前に人間関係や人生を大きく棄損しかねません。病気にたとえれば、緊急入院で即手術みたいな深刻な状態です。

「いや、」「でも、」と無意識に語ってしまう否定癖は、自己肯定感の低さからきているのでしょう。自分に自信がないので余裕がなく、相手の話を否定することによって無意識にマウンティングしてしまうのです。

会話や対人関係で相手の上に立とうという意識は、意味がないどころか、すべてを失いかねない危険な考えです。傾聴をしようという読者の方々で否定癖がある人はいないかもしれませんが、もし該当していたら深刻なので自己覚知して、すぐに気づいてください。

もしアナタが該当者だったら、自分の癖を矯正することを強く誓って「いや、」「でも、」という言葉を生涯使わないくらいの覚悟をしてください。癖は無意識にやっていることなので、一夜では直すのは難しいのです。

◆正解

相手　オレ婚活を始めてさ、街コンに行ってきたんだよね。

自分　へー、そうなんだ。どうだったの？

相手　全然ダメ、ライバルがたくさんいて難しかった。

自分　そうか。お金はかかるけど、結婚相談所のほうが出会えるよ。

どうしても、街コンより結婚相談所のほうがいいとアドバイスしたかった場合は、「共感→結果を聞く→自分の案を伝える」というのが一般的です。否定癖のある人は、相手と会話になったとき、まず「いや、」という言葉を封印して、無条件に共感しましょう。

どうしても伝えたい場合は相手が最後まで語った後がベストです。伝えたいことはすぐに伝えるのではなく、相手に寄り添いながら時間をかけて伝えましょう。

比較

相手との会話において、比較することも非常に危険です。口下手、人見知りの人の会話によく見られる傾向で、自分の知る比較対象を無理やり持ちだして比較してしまうのです。傾聴のスタート地点に立つためには、比較のニュアンスも撲滅《ぼくめつ》する必要があります。

◆悪例

相手 オレ婚活を始めてさ、街コンに行ってきたんだよね。

自分 へー、そうなんだ。どうだったの？

相手 相手は見つからなかったけど、いろんな女性がいて楽しかったよ。

自分　街コンよりも、結婚相談所のほうが全然いいよ。

知らない街コンよりも、自分の知る結婚相談所のほうが会話を有利に進められると思って比較してしまったのでしょう。相手が肯定している街コンと、自分の知る結婚相談所を比較することでマウンティングになってしまっています。

口下手、人見知りの人は相手との会話に自信がないのです。そのため、このような会話を無意識に行っていて、結果として比較してマウントをとってしまうのです。

会話に比較も、マウントも一切必要ありません。相手がせっかく街コンに行っている話をしているのだから、共感して、相手の街コンの話を興味を持って聞いていけばいいのです。

ポイント

否定と比較は、傾聴において絶対のNG行為。一発で会話が終わる。

ルール15
緊急事態のためにアンガーマネジメントを知っておこう！

スマホ見たわよ浮気しているよね！
何言ってるんだしてないよ！
感情的になったら「6秒待つ」！
こんな時は6秒待つ
これは「アンガーマネジメント」で最も有名なテクニック
6秒待てば衝動的な感情は収まる
6秒後 妻の話を最後まで聞いて謝罪
うんうん
解決策を探る

相手に怒鳴る前に6秒待つ！

傾聴をしていて最悪な否定を遥かに超える、超最悪な事態は相手に対してキレてしまうことです。傾聴どころではなく、相手との関係は即破綻、極端な場合だと警察沙汰にもなりかねません。

アンガーマネジメントとは、自分の怒りの感情を客観的に理解して、自分で管理することです。怒りは、不安や心配、悲しい、怖い、期待を裏切られたなどのネガティブな感情が許容量を超えたときに起こります。

また、怒る相手の感情が伝染し、自分も爆発してしまった、みたいなことも経験があるのではないでしょうか。

初対面の相手に怒ることは滅多にないでしょうが、長年培った人間関係のある夫婦、友だち、上司部下、同僚などのあいだで、関係がこじれて怒りの感情が生まれてしまうことがあります。

傾聴の場面で怒り、怒りを超えてキレるみたいな事態になるとすると、夫婦喧嘩や客からのクレームみたいな場面でしょうか。相手の感情が自分に伝わる現象は情動感染と言いますが、相手がいくら怒って負の感情が生まれても、聞き手はその感情を抑えて、冷静な気持ちで聞き続けなければなりません。

アンガーマネジメントで最も有名なテクニックは「6秒待つ」ことです。

怒りは衝動的な感情で、生じたときのピークは6秒、それを超えると感情は落ち着いてくると言われます。6秒を待たないで衝動のまま感情を爆発させてしまうと、怒鳴ったり、暴れたりという結果となってしまいかねません。

夫婦間の修羅場を想定してみます。妻に浮気がバレて、妻の怒りがおさまらなくなりました。

妻　スマホ見たけど、浮気しているよね？

妻　どこの女なの？　どういう関係？

妻　あんたの脳みそは下半身についているの？

妻の苛立ちと暴言は過熱していきます。事実だったならば、否定や言い訳はしてはいけません。イラだった妻から過酷な質問が連続しています。

自分が撒《ま》いた種ですが、妻の怒りが伝染してアナタにも怒りの感情が芽生えてしまいました。そして、「あんたみたいな小者に、二股できる器量があると思っているの？」という言葉で感情が爆発しました。妻にキレて怒鳴り声をあげる直前です。

この修羅場でやらなければならないのは、謝罪し、妻の話を最後まで聞いて解決策を探ることです。聞き手のアナタが怒鳴ってしまったら、もう元も子もありません。
ここで6秒待つ、一旦その場から離れて時間を置く、そうやって自分の怒りの沸点を超える前に自分の感情をコントロールするのが、アンガーマネジメントです。相手の感情に飲まれないように、アンガーマネジメントの「6秒待つ」は、ぜひ覚えておきましょう。

ポイント

傾聴の最中に怒るのは最悪。
怒りの感情が沸いても6秒待つ。

4章

細かいテクニックを教えよう！

ずるい傾聴の基本スキル

ルール16 事前に傾聴をイメージトレーニングする

傾聴スイッチとは
相手の話に集中するための
意識の切り替え
傾聴することがわかっている場合は
集中!
事前にシミュレーション
突発的に会話になったときはすぐに利益をイメージ!
自分の利益
本番直前に傾聴スイッチを入れて
傾聴スイッチ ON!
緊張感を持って会話に挑む
ヨシ!

あらかじめ、会うことが予定されている場合

では、誰かを相手に傾聴を始めることにしましょう。ここまでお伝えしたように、聞き手になることは相手からの好感、人脈が増える、情報が増える、とメリットだらけです。ずるい傾聴では、そのメリットを意識的に取りにいきます。

相手に好かれたことがきっかけで商品を買ってくれた、誰かを紹介してくれた、転職に成功したなど、お金が儲かることにも直結してきます。話してばかりの人はもったいない、という事実は理解しておきましょう。

実際の傾聴の場面は、誰かとアポイントや約束があって、あらかじめ会話することが決まっているケース、家庭や社内の日常会話、どこかへ行ったときに突発的に始まった会話など、いろいろでしょうか。

相手との会話が始まる直前までに、心の準備、心を整えます。

あらかじめ会話が決まっている場合は、相手を傾聴することによる利益を考え、どういう傾聴をするかシミュレーションして本番にのぞみます。特に婚活のお見合いなど、失敗の許されない場面では、前日か当日に相手のことを想像します。相手からなにを聞きたいか、相手にどんな質問をするか、相手はどんな表情で喋っているか、目の前に相手がいる場面を想像しましょう。

ここで想像するのは相手が楽しそうに話をしている、それを自分が聞いている風景です。会ったことがない相手なので、まだ、相手のことはわかりません。頭の中には、自分が聞きたいことを聞いて、お互いに笑顔で話しているような光景を思い浮かべるのがいいでしょう。会話がめちゃめちゃ盛りあがるなど、多少、都合がよくてもいいかもしれません。それと沈黙が訪れたとき、どう切り抜けるかみたいなシュミレーションもしておきましょう。

あらかじめ相手のことをイメージしておけば、自分自身が相手に対してポジティブな態度になり、初対面独特の緊張感や違和感、ぎこちなさは薄れるでしょう。事前にイメージすることで、すんなり会話に入っていける可能性が高まるのです。

では、実際に会って挨拶しました。一言、二言、簡単な雑談となるでしょうか。それでアナタがなにか質問をして、相手が答えて傾聴が始まります。

口下手や人見知りなどの会話が苦手な人は、初対面の相手との会話を乗り切る想像がつかないでしょう。コミュニケーションが苦手な方は、楽しませなきゃ、笑わせなきゃと会話を重く受け止めている節があります。

しかし、傾聴を使った会話ならば、アナタが知りたい相手のことや、相手が話したいことを聞いているだけです。難しく考えることはありません。アナタが話下手でも、相手も満足する充実した会話になるはずです。

会話の直前までに急ピッチで利益を考える

日常生活で誰かと突発的に会話になったときも、同じです。

相手が現れて、会話が始まる直前までに急ピッチで自分の利益を考えます。利益の考え方は簡単です。現れた相手に好感を持たれた場合、どのような利益があるかです。異性や上司、お客さんならば利益はすぐに浮かぶはずです。

相手が知らない人物でも、まだ何者かわからなくても、興味を持って聞いていけば、面白かったり、なにか共通項があったり、成功者だったり、なにか利益をもたらしてくれる人物かもしれません。人との出会いをポジティブに意識しながら、あらかじめ考えた自分の利益を掴むために傾聴スイッチを入れます。

傾聴スイッチとは前章でお伝えした、相手の話に集中するための意識の切り替えです。「傾聴する、相手の話を聞く」という強い意思と緊張感を持って相手との会話に突入します。

会話が始まる直前に、傾聴の基本姿勢である「否定しない」「共感する」「相手との一致」、そして「自分の話はしない」という言葉を心の中で何回か唱えてもいいかもしれません。会話のミスは気の緩みがほとんどなので、相手に緊張するのではなく、自分自身に対しての緊張感が必要です。

本番直前に傾聴スイッチを入れて、緊張感を持って会話にのぞめば、ミスをすることはなくなるでしょう。

ポイント

予定が決まっている場合は事前にイメージ。突然の場合は利益を考える。

ルール17
自分の話は、相手から質問されたときのみ

挨拶→短い会話では
相手のネガティブ感情をチェック
入社は去年？
会話が始まってから
×自己開示
◯すぐに傾聴
なるべく早い段階で相手に質問して
いつもは誰とランチに来るの？
経理のAちゃん
「聞くポジション」を陣取る
相手に質問されるまで自分の話をしない
ペラペラ
口が開きそうだけどガマン…

雑談、自己紹介は手短に！

さて、会話が始まりました。相手に挨拶し、自己紹介や雑談、それから本題に入るのが普通の流れです。

挨拶した後の、自己紹介や雑談はミスが起こりやすい場面です。具体的には自分の話や共通項探しなど、アナタが根本的な大きな失敗をする可能性があります。**危険な時間帯なので、自己紹介や雑談は常識範囲内で最短に済ませましょう。なるべく早い段階で相手に質問を投げて、聞くポジションを陣取ってください。**

雑談について、少し筆者の個人的な話をします。

話し方講座などで、天気の話の推奨をよく聞きます。

しかし、筆者は無意味な天気の話はなるべくしないようにしています。台風や大雨みたいな厳しい場面だったらナチュラルな雑談に発展させられますが、晴れや曇りなどの日常的な天気で、無理に何度も天気について言葉を行き来させるのは不自然です。

意味のない雑談を嫌う人も多く、よそよそしい天気の話は要注意です。

筆者ならば、すでに共通項である現在地（2人が顔を合わせている場所）や会うに至った知人やツールの話、また少しでも相手のことを知るために、最初から相手の居住地や仕事の話などを訊ねることが多いでしょうか。

雑談での相手の返答から、相手が話したいこと、自分が聞きたいことを探っていきます。

最初の段階では相手のネガティブ感情をチェック

顔を合わせて「挨拶→短い雑談」の段階は、非常に重要な場面です。

相手の機嫌やモチベーションはどうか、自分自身に対して悪い印象を持っていないか、選んだ場所や店に対して悪い印象はないかなど、主にネガティブな感情を抱いていないかをチェックします。

場所や店にネガティブな印象があった場合は、移動すればいいだけなので間に合います。傾聴は、相手が安心安全な気持ちを持ってリラックスするのが重要なので、相手の気持ちを察することは大切なことになります。

自己開示などをせず、できるだけ早く傾聴を始める

ここでミスをしないために、大切なことを一つ決めましょう。

「挨拶→雑談」のこの初期段階で、アナタが長い自己紹介、自慢話、自分の話をしてしまわないように、「自分の話をするのは、相手に質問されたときのみ」としましょう。相手のことを想ってアドバイスをするなども、絶対にやってはいけません。

傾聴や聞く会話の考え方は様々で、正解はありません。いくつもの方法があり、一部

の方々に「初対面の自己紹介でまず自己開示し、相手との距離を縮める」という考え方があります。筆者は、それには懐疑的です。

挨拶して顔を合わせたばかりの段階で、相手はアナタになんの興味もありません。初対面だったら相手が見ているのは服装や髪型などの清潔感、アナタが放っているオーラや雰囲気くらいでしょう。

その段階で相手は、なにも興味のないアナタの自己開示を聞きたいでしょうか。微妙じゃないでしょうか。

知らない人間に自己開示をされたからといって、とても信頼が深まるとは思えません。口下手ならば、なおさらです。話が長く、ウザいと思われるのが関の山です。

自己開示を目的とした自己紹介が長くて退屈、自分の話ばかりみたいな事態にならないために、できるだけ早く相手に質問して傾聴に突入したほうが無難です。

× 聞き手の自己開示によって信頼関係を深める→心を開いて話してくれる。

◎　すぐに傾聴を始める→相手は話しながら聞き手のことを信頼する。

この間違いと正解を意識してください。
自己紹介は最短で済ませて、すぐに聞き手のポジションを取り、質問をしながら相手のことを聞いていきます。そして、アナタが言いたいことがあっても、相手に質問されるまでは、その話をすることはありません。

会話の失敗は、いつも余計なことを言ってしまうことです。
相手に求められて初めて話すと決めれば、余計な自分の話はカットができます。相手を主役にする傾聴は、相手のことを知るだけでなく、「余計なことを話さない」という防御の効果もあるのです。

ポイント

傾聴には余計なことを話さない防御の効果もある。

ルール18

相手との距離感を気にしよう！

相手のパーソナルスペースに入らない
相手の正面に位置しない
相手の話に集中して姿勢は前のめり
集中！
普段の会話より一段だけギアを上げ
スゴイ！
大きめなリアクションで

相手のパーソナルスペースに立ち入らない

いまから、やろうとしているのは、積極的に相手の話を聞いていくアクティブリスニングという傾聴です。相手が話をしやすいように、アナタができることをすべてやっていきます。

まず、最初に気をつけるのは、相手のパーソナルスペースに入らないことです。その領域に立ち入ってしまうと、相手は不快に感じて傾聴どころではなくなってしまいます。相手が話しやすいのは、心地がいい安心安全な空間で、アナタは相手が安心安全を感じる距離に立たなければなりません。

パーソナルスペースとは、人が他人に侵入されると不快に感じる空間のことで、「密接距離」「個人距離」「社会距離」「公衆距離」の4つの距離があります。

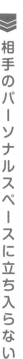

密接距離とは家族、恋人などの親しい者だけが許される範囲で0～45cm、個人距離は友人やよく知る者が対象で45cm～120cm。社会距離は会社の上司や部下、取引先など知り合いが対象で120cm～350cm、公衆距離は他人が対象で350cm以上と言われています。

傾聴の場面は相手との関係性や目的、場所によって、それぞれです。

相手が初対面や知り合いで、場所が喫茶店やファミレス、居酒屋などの飲食店だとすると、**間にテーブルを置いて90cm以上は離れたほうがいいでしょう。**

具体的にはファミレス4人テーブルは◎、90cmの距離がとれないファストフード店の2人テーブルはNGとなります。

立ち話の場面では、近すぎれば相手が離れることができる自由があります。なので距離のことを厳密に考えなくてもいいのですが、60cmあたりを目安にしましょう。いずれも個人距離の範囲内になります。

絶対にやってはいけないのは、家族や恋人以外の男性が女性との密接距離45㎝以内に入ることです。日々、大事《おおごと》になるセクハラがあちこちで起こっていますが、ほぼほぼ女性に必要以上に近づきすぎた男性のミスです。

特に中年男性、若い女性という組み合わせは、勘違いした男性が事故を起こしやすいのです。女性にキモチ悪がられたら、トクするどころか大損となるので気をつけてください。

パーソナルスペースに立ち入らないのは、同性同士でも同じです。誰かと一緒に試してみるとわかりますが、45㎝以内の密接距離になると、もう会話どころではなくなってしまいます。

大勢いる合コン、恋人未満の男女がデートでカウンターバーに行くみたいな、どうしても密着距離となってしまう例外はあります。しかし、異性、同性を問わずに密接距離のなかで会話をするのは難しいのです。傾聴のときに、相手に近づきすぎるのはやめましょう。

正面に座らない。正面に立たない

座る位置も非常に重要なファクターとなります。結論としては「正面に座ること、立つことはやめましょう」ということです。

リラックスして、少しダラっとしたほうが相手の言葉は増えてきます。正面は緊張を強《し》いる対立の位置とされています。実際にやってみるとすぐにわかりますが、正面で向き合うと、お互いにストレスがかかります。相手も自分も、消耗してしまうのです。

NGとお伝えしたファストフードの2人テーブルは、正面なうえに70㎝〜80㎝程度しか距離がとれない席がよく設置されています。傾聴をしようと思っても、相手にも自分にもストレスがかかるので、おそらく会話は順調に進まないでしょう。

座る位置の正解は斜め、もしくはL字です。90㎝以上離れた斜め位置です。具体的にいうと、ファミレスの4人掛け、4脚が用意されている大きめの丸テーブル、広さがあって、座る位置を自由に選べるカラオケボックスなどは完璧です。

会議室はビジネス向けに社会距離を意識してデザインされているので、個人的な会話の場合は距離が遠すぎます。90㎝~120㎝程度に近づいて会話をしたほうがいいでしょう。

同じ理由で立ち話のときも、相手の正面には立たないでください。これも実際にやってみると一目瞭然です。自由な体勢がとれる立ち話で、相手の正面に立つのは不自然です。筆者に言われなくとも、自然と斜めの体勢になっているはずです。

傾聴に適した姿勢

姿勢にも気をつけましょう。俯《うつむ》いていたり、スマホを見ていたり、そのような姿勢では相手は話をしづらいのです。足を組んだり、腕を組んだりするのもやめましょう。

深呼吸をして一度背筋を伸ばし、相手に目線を合わせます。どんと構えているくらいが丁度いいのです。傾聴スイッチがONになっている状態なので、相手の話に集中できる準備はできているはずです。

集中していれば、自然と姿勢は前のめりになります。相手は聞き手のリアクションがあると、聞いてもらえていると安心します。前のめりくらいが話しやすいのです。そして、普段の会話より、一段だけギアをあげて大きめなリアクションをするのがいいでしょう。

大きなリアクションや笑顔があると、相手は話しやすいでしょうが、無理したつくり笑顔で不自然なリアクションをしてもキモチ悪くなってしまいます。あくまで普段のアナタのままで、一段だけテンションをあげる程度の意識でいきましょう。

ポイント

パーソナルスペース、座る位置、姿勢、リアクションに気を配る。

ルール19

相づちで相手の話を応援する！

「聞き上手」と呼ばれる人たちは
うんうん
なるほど
みんな相づちが上手い
相づちはコンサートでの手拍子や歓声と同じ
イエーイ！
イエーイ！
リズムを相手に合わせることが大切
相づちはこちらが聞いていることをアピールし
うんうん
この人話しやすい
話す側の人の手助けをする

聞き上手は相づちがうまい

相手の話が始まったら、あとはミスをしないように集中しながら最後まで聞くことを目指します。

話をしやすいように相づちを打って、話している相手を応援するように後押ししていきます。ちなみに相づちとは、相手に聞いていることをアピールするために、相手の話に頷いていく言葉です。

聞き上手と呼ばれる人たちは、みんな相づちが上手い。彼らは相づちによって「しっかり聞いている」と、相手に伝わるように表現しているのです。聞くのが下手、相手があまり話してくれない、会話しても相手に好かれることがない人は、この相づちに問題がある可能性があります。

筆者はこれまで仕事で、女性を中心に約3000人の傾聴をしてきました。
相手の話が始まったら、できるだけたくさん話して欲しいので、集中して聞きながら相づちを打っていきます。

相づちは自然に発している言葉なので、その言葉自体に意味はありません。ライブやコンサートの歓声や手拍子みたいなもので、話している相手の行為に共感し、もっとやって欲しいと応援するみたいな意識が近いでしょうか。

歓声や手拍子と同じなので、自由だし、人それぞれです。その会話に溶け込んで違和感がないものだったら、どんな言葉でもいいでしょう。
せっかくの機会なので、筆者が普段使っている相づちを思いだしてみます。

「うん」

「うん、うん」
「へぇー」
「ほー」
「はい」
「はい、はい」
「そうなの」
「そうなんだ」
「なるほど」
「すごい」
「すごいね」
「わかるよ」
「さすがですね」

語彙《ごい》が少なくて申し訳ありませんが、筆者はそんな感じで相づちを打っています。もっといろいろな言葉があるのでしょうが、この程度の語彙数でなんとかなります。それと相手が驚くことを言ったとき、「おー」「えっ？」「えー」「マジですか」「ヤバイね」みたいな驚嘆の言葉を発しているでしょうか。

相づちは、相手の話を助けながら、聞いていることをアピール、手助けをする言葉だと思ってください。寡黙《かもく》に押し黙っている人には、話はできません。相づちに意味はありませんが、心地いい相づちがないと、相手はモチベーションが下がって話は終わってしまいます。

傾聴において、話に適した相づちは、必ずしなければならない行為、ということは覚えておきましょう。

リズムを合わせる

相手の話が始まってから重要なのはリズムです。
傾聴では聞き手が相手のリズムやテンポに合わせて、相づちを打って話しやすい環境をつくっていきます。

話し言葉が早い人もいれば、ゆっくりの人もいます。声が大きい人もいれば、小さい人もいて、声が高い人もいれば、低い人もいます。また話している場所や内容、目的によっても、話の速度、声の大小、声の高低は変わってきます。

周囲が少し酔っている飲み会やパーティーの場では、明るく高揚しているので声は高く大きくなります。緊張感があってシリアスな場である面接や商談では、声量は小さく、声は低くゆっくりになっているのではないでしょうか。

それに相手の性格、相手の気分、相手の語りの内容などが重なって、話のテンポやリズムは変わってきます。

まず相手の話が始まったら、速度を意識しましょう。そして相手のリズムに合わせていきます。速かったら速く、遅かったら遅く、相手のリズムに合わせて相づちを打っていきます。リズムをズラすほうが難しいので、意識をするだけで速度は自然に合ってきます。

ここで気をつけるのは、聞き手のアナタが相手に速度を合わせさせるケースです。相手の速度を無視して、相手を喰い気味に相づちを打ってしまうと、リズムがズレて相手は話しづらくなります。相づちは興味を持って聞いているというサインなので、相手に合わせて応援するつもりで打っていきましょう。

悪例を挙げてみましょう。

相手　実は……ちょっと話しづらいことなんだけど……取り返しのつかない大きなミスをしてしまって……。

自分　はいはい、え、はいはい。

このようなケースです。相手は言いづらい報告をするために、覚悟を決めて重い口を開きました。それなのに相手のペースに合わせることなく、適当に相づちを打っています。聞き手に相手の話には興味がないことは明白で、投げやりで雑な印象を受けます。これでは、相手は話ができません。

聞き手が相手のリズムに合わせるのは非常に重要で、これが逆になって聞き手のリズムに相手を合わせさせるのはありえません。

ポイント

相づちは話し手を応援する言葉。相手のリズムに合わせて大きく打つ。

ルール20

目線と動きを相手に合わせましょう！

相手に安心感・親近感を感じさせるためには
ミラーリング（同調）が大切
私カプチーノで
僕もカプチーノで
MENU
視線は相手に合わせる
カフェ好きなんです
僕もです！
場所も相手に合わせる
甘味処
Cafe
MENU

相手と目線の位置を合わせる！

相手と合わせるのは、会話の速度だけではありません。ここから合わせられるものは、すべて相手と合わせていきます。**相手と鏡のように同じ動きをするミラーリングという技術です。**

速度が合ったら、次は目線の位置を合わせてみましょう。

相手が自分より小さい女性だったら、姿勢を前のめりにすることで目線の位置を合わせることができるはずです。前章でテーブルのある場所では正面で向き合わず、斜めかL字の位置が効果的であることを伝えました。相手と同じ座り方をしながら、工夫をして合わせてみましょう。

余談ですが、筆者はミラーリングの発展系として、場所がカラオケボックスや会議室など、自由に動ける可動域が広い場所の場合は、相手より目線を低くすることがあります。相手がソファーに座り、筆者が床に座るみたいな位置関係です。

ミラーリングは相手に安心感や近親感を抱かせる効果があるのですが、目線を低くして自分の存在を薄くすることによって、相手がもっとリラックスするのではないかという狙いです。その位置関係によって、相手から思わぬ語りを引き出したみたいな成功例は無数にあります。

相手に対して目線の位置を合わせることを基本として、相手が違和感を覚えるほど不自然な体勢にならない程度に、低くなれば大きな効果を得られる可能性があります。逆に聞き手が上から目線になってしまうのはマイナスです。威圧感があり、相手はリラックスできません。

聞き手が男性で相手が女性だった場合、身長差があります。立ち話は向かないので座って会話をしたほうがいいでしょう。高身長の男性は、傾聴には不利です。座れる場所を選んで会話をしたほうが、成功する可能性が高くなります。

喫茶店では相手と同じ注文をしましょう！

喫茶店やカフェは、ゆっくりリラックスして、誰かと会話を楽しむ場所です。デートや婚活のお見合い、友だち同士、それに商談などで大勢の方々に積極的に利用されていますが、それは会話がしやすい場所だからです。アナタも傾聴の本番をカフェや喫茶店で迎えることになるでしょう。

傾聴の場面では、聞き手は注文にも気を遣わなければなりません。

相手と一緒に喫茶店やカフェに入店したら、まず、メニューを相手に渡して先に注文を選んでもらいましょう。相手がコーヒーを頼んだら、アナタはコーヒーか紅茶を。相手が抹茶ラテを頼んだら、アナタはなにかしらラテ系を頼んでください。厳密に合わせる必要はないのですが、同じような飲み物を注文しましょう。相手が紅茶を頼んだのに、自分はランチセットみたいなことはしないでください。

そして、カップのコーヒーを口に運ぶ頻度も、カップの置く位置も相手に合わせましょう。相手のリズム、声のトーンと合わせるのと同じで、相手と同じ動きをするのは安心感を与えて、相手がリラックスするからです。

カフェや喫茶店は会話を楽しむための場所なので、席の配置やBGM、内装など、リラックスするように工夫が凝らされています。傾聴に適した場所なので、家庭やオフィスから一歩外に出て、カフェや喫茶店で会話をしてみると、相手から日常では聞くことができなかった話が出てきたりするでしょう。

ノートパソコンを閉じましょう！

商談や取材、打ち合わせや1ON1ミーティングの場面で、ノートパソコンを開いて会話をする人をよく見かけます。ミラーリングの真反対の行為であり、非常によくありません。

異性とのデートでのノーパソは開かないでしょうが、営業だったら売れないし、取材だったら情報を聞きだせないし、部下との会話だったら相手が心を開くことはありません。ノーパソは意識が高い、仕事熱心みたいなイメージがありますが、相手との会話の場面では真逆に触れてしまいます。

なぜかというと、自分だけがノーパソを見ている状態はミラーリングに反しているからです。相手に安心感、親近感を与える真反対の行為で、相手に不安や疎外を与えてしまうのです。

それだけではありません。ノーパソを見ることによって目線が合わない、リズムが合わないなど、弊害が生まれるので傾聴しようがありません。聞き手が会話を拒絶している、という状態になってしまうのです。

これまでノーパソを開いて会話をしてきた人は、すぐにパソコンを閉じてカバンにしまいましょう。机の上にもないほうがいいです。そうすると、相手は今までと、まったく違う話をする可能性があります。相手が不安感や疎外感を感じながらの会話と、安心して親近感を抱いている会話とでは、どちらが価値あるかは言うまでもありません。

情報共有が必要なときは、必要な場面になったときにカバンから出して開けばいいだけです。

同じ理由で、スマホや、メモを取る、資料を持っていることも、よくないのです。スマホを頻繁《ひんぱん》に見る癖がある人は、傾聴のときは電源をオフにしたほうがいいかもしれません。

超高級ホテルで貧困取材

もうひとつ。相手に安心感や親近感を与えるミラーリングの派生の意識として、**会話の場所を相手に合わせることも重要です。**

筆者は先日、超有名ジャーナリストに「日本の貧困の話を聞かせてほしい」と超高級ホテルのラウンジに呼びだされたのですが、富裕層に囲まれながら貧困の話をすることに違和感を覚えて、饒舌には話せませんでした。

超高級ホテルのラウンジは、超有名ジャーナリストの方には日常風景でも、常に下層の現場に足を運んでいる筆者には非日常です。超高級ホテルなので相手との距離や座る位置などは完璧だったのですが、豪華な内装から、疎外感と伝わらないだろうなという諦めを感じて、言葉が鈍ったわけです。

相手に合わせた場所の選定は重要です。

具体例をいくつか挙げると、堅い雰囲気の公共施設で遊びや異性の話はしづらいし、社内の会議室で仕事の愚痴は言いづらいわけです。相手と会話をする前にどのような種類の話になるか、ある程度は想像がつきます。

極端な例でいうと、犯罪の話を警察ではしないし、巨人の応援席で中日の応援はしないわけです。したとしても、リラックスできないでしょう。

場所の選定でミスをしてしまうと、本当にもったいないので、傾聴の場面では意識をしましょう。

相手のことがわからないなら、高級店、超オシャレ店、超格安店、どれもミスとなる可能性があります。傾聴に適した広さが確保されている、普通の店が無難です。

ポイント

ミラーリングは相手をリラックスさせる。目線、メニュー、場所に注意する。

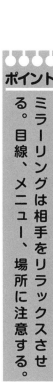

ルール21
相手の発言をそのまま返す「オウム返し」

村上春樹が大好きでデビュー作からみんな読んでるの
風の歌を聴け
オウム返しは傾聴に欠かせない技術
村上春樹を全て読んでいるんだね
スゴイ
相手の話をくり返すので話題がズレない！
主観を入れるのは禁物
ダメな例
村上春樹が好きなの
僕は村上龍が好きで
相手の気持ちに寄り添い
村上春樹が好きなの
村上春樹が好きなんだね
イイネ
相手の発言の重要な部分をひたすら返す

相手の発言をそのまま返す！

傾聴には欠かせないオウム返しという技術があります。相手が言ったことを、そのまま返して会話を進行させるスキルです。相手が言ったことを、そのまま、またはニュアンスを受けて繰り返すので、相手の話や言いたいこと、伝えたいことからズレることがありません。

前章で登場した中日ファンをサンプルにしてオウム返しをしてみます。

相手 生まれが名古屋でして、子どもの頃から中日ファンなのですよ。
自分 名古屋出身で、子供の頃から中日ファンなのですか。
相手 そうです、そうです。宇野とか星野の時代から好きで、今もファンクラブに入っていますし。

自分　宇野は懐かしいですね。ショートでしたよね。
相手　立浪が入ってきてレギュラー取られちゃったんですよね。

こんな感じで相手の言ったことをオウム返しするだけで、会話は進んでいきます。相手の話を集中して聞いていれば、簡単にできます。**オウム返しをすると、相手は自分の話を聞いてもらえていると感じ、だんだん言葉に熱が帯びてきます。**

このケースは聞き手に昔の中日の知識があったので、宇野、立浪と話が深くなっていく流れになりました。

知識がなかった場合はどうすればいいかと言うと、相手の「宇野とか星野の時代から好きで、今もファンクラブに入っていますし」の返しのとき、対応ができる言葉を拾ってオウム返しすればいいのです。

相手　宇野とか星野の時代から好きで、今もファンクラブに入っていますし。
自分　中日の星野って侍ジャパンの監督だった人ですよね。

相手　宇野とか星野の時代から好きで、今もファンクラブに入っていますし。
自分　中日のファンクラブって、どんな特典があるんですか。チケットを安く買えたりするのでしょうか。

みたいな感じで、オウム返しを使いながら自分が対応できる内容、自分が聞きたい方向に誘導していけばいいのです。

聞き手が傾聴を意識した会話に、オウム返しは絶対に必要な技術です。誰かと会話になったとき、積極的に使ってみてください。質問が相手からズレることがないので、会話を続けているうちに、相手の熱量が変わってくるはずです。

特にオタクの人たちは推しの話を熱心にしてくれます。聞いてくれた人に好感を持ち、心を開いて大歓迎してくれることが多いのです。オタクの人が相手のときは、徹底的に相手が話したいことを聞きましょう。ミスしてしまうと、もったいないのです。

オウム返しのときも、気をつけるのは、やはり自分の主観を入れて話をズラしてしまうことです。たとえば共通項探しが有効だと思い込んでいる人は、プロ野球が好きという共通項に食いついていて自分の好きな球団を相手に伝えたりします。オウム返しの間違った使い方です。

会話が相手の話したいことからズレてしまうと、モチベーションは下がって、元に戻すのは難しいのです。気づいたら話し手と聞き手が入れ替わって、結果として聞き手が語りまくってしまったみたいな結果になりかねません。

オウム返しをするときは、自分の好き嫌いや主観は封印、相手の気持ちに寄り添って、相手の発言の重要な部分をひたすら返していくことが必要です。

ポイント

オウム返しを的確に使うと、相手の話に熱量が帯びてくる。

ルール22 必殺技「ピックアップ・クエスション」

名古屋生まれ 昔から 中日ファン
名古屋生まれで 中日ファン なんだね
オウム返しをすると… 自分の話を 聞いてもらえると思い
だんだん言葉が 熱を帯びてくる
中日の ファン クラブに 入ってて…
ファンクラブ の特典って何?
更に「ピックアップ・クエスション」
人は自分を否定 されたくないので
野球の話 きくよー
相手の受容力の 範囲でしか話さない
だから相手の話に 全て共感し受容する
なんでも きくよー
そのために自分の 器を大きくする

頻繁に使う傾聴技「ピックアップ・クエスション」

筆者が仕事でも、プライベートでも、頻繁《ひんぱん》に使う傾聴技が「ピックアップ・クエスション」です。「オウム返し＋質問」で会話を進めていく技術で、すでに相手が発言した単語や主旨を拾って、即時に短い質問を投げかけていきます。

相手を主役にして進行させるために、相手の語りに相づちのようにすかさず質問を入れていきます。相手に寄り添いながら、聞き手の会話の目的に合わせて、質問によって聞きたいこと、知りたいことに誘導しています。すでに発言したことを質問されるので、基本的に相手はどんどん話してくれます。

先日、筆者が状況的に追い込まれながら、いつも以上に集中してピックアップ・クエスションをした場面がありました。歌舞伎町の取材で明らかに精神状態がおかしい女性が現れたときのことです。相手の異常な状態から、まともに会話ができるのは20分~30

分が限界の可能性がありました。筆者はスピードを上げてピックアップ・クエスションを行いました。

筆者の都合でスピードを上昇させたのは、傾聴の「てにおは」に反しています。しかし、ピックアップ・クエスション（オウム返し＋質問）の例として適しているので共有していきます。


——新宿でひとり暮らしをしていたの？

アジミ　元カレと西新宿に住んでた。３年くらい前にちょっと病気しちゃって統合失調症ね。

——どうして**統合失調症？**

アジミ　元カレがＤＶ気質で包丁を持ち出したり、ハサミやカッターを持ち出して殺されかけたり。**元カレはホスト**、いまはホストクラブの社長。殺されかけた理由は、私が店に来なかったから。

——彼氏と、客と**ホスト**という関係だったの？

アジミ　私、歌舞伎町のセクキャバで働いてた。元カレは客として酔っ払って来て、それが出会い。なんか、その日に同棲しようって口説かれた。

――風俗客とすぐに同棲したの？

アジミ　その日に結婚しようって言われて、引っ越した。わりとすぐに同棲した。でも、結婚詐欺にあった。

――お金、盗られた？

アジミ　そう。ホストクラブに来いって。そう言われて、いつの間にかほぼ毎日ホストクラブに行くことになった。しばらくしてセクキャバ辞めてソープで働いて、その稼ぎは全部盗られた。

――ソープに移ったのは、もっと稼ぐため？

アジミ　毎日、ホストクラブに行くので、セクキャバの収入だけではやっていけなくなった。一日の収入より、ホスト代のほうが高かった。

――彼氏にソープに行けっていわれたの？

アジミ　彼氏は「ソープのほうが稼げるよ。俺の歴代エースはソープで稼いでいた」って言ってきた。お前も俺のために頑張ろうね、みたいな。元カレに紹介されたスカウトマンに吉原の格安店を紹介された。

「歌舞伎町と貧困女子」(宝島社新書)

内容は異常ですが、文章にすると一般的な会話に見えます。女性は普通の状態ではなかったので、会話がどこで終わってしまうかわかりませんでした。筆者はかなりのスピードで話していました。一般的には語りづらいだろうプライベートな内容ですが、筆者は相手がすでに語った単語やニュアンスを拾って、すぐに質問につなげています。主観は入れず、相手がすでに話したことをオウム返ししているので、話はどんどんと進んでいきます。無理に聞きだしているのではなく、相手の流れに乗っているのです。

極端な例を共有しましたが、このピックアップ・クエスションは誰が相手でも有効な基本的な技術です。

この歌舞伎町の取材では相手の状態から予想できる時間制限があったので、相づちは意識的に減らしました。こういう形は、一歩間違えると尋問のようになってしまいます。

本来はそうならないために、相手のスピードに合わせて、もっと「へー」「なるほど」「そうなんだ」などと、相づちによって共感と相手に興味関心があることを伝えていくのがいいでしょう。

相手の話にすべて共感し、受容する

前項の、この歌舞伎町の女性が象徴的ですが、傾聴をしていると相手から様々な話が飛び出してきます。アナタが知らないこと、驚愕すること、信じられないことも、どんどん出てくることになります。

そこで絶対的に重要なことは、相手の話にすべて共感し、受容することです。

歌舞伎町の女性はＤＶ気質のホストの元彼に徹底的な暴力被害に遭って、結婚詐欺によって財産を失い、重い精神疾患になっています。もし、聞き手がアナタだったら聞きながらため息がもれ、心のなかにはアドバイスや説教する言葉があふれることでしょう。
しかし、傾聴の場面では相手のどんな言葉にも共感し、興味関心を持って、どうしてそうなったのかを聞き進めていきます。一般的、常識的には考えられないひどい男にハマったのは彼女の選択であり、聞き手はそこには介入しない、善悪は判断しないという考え方です。

相手は否定されたくないので、聞き手の受容力の範囲でしか話しません。
受容力がない人は、いつまで経っても自分を超える相手の語りに出会えることはないし、会話ができる相手も限られてしまいます。

受容力、自分の器を広げるための技術や特効薬はありません。できるだけ多くの人の話を聞いて、受容し、時間を費やして自分の器を大きくしていくしかないのです。

ポイント

相手に寄り添いながら「ピックアップ・クエスション」を使う。

5章

傾聴力は、質問力だ！

質問力をつけて相手から情報を聞き出そう！

ルール23

条件が揃えば、相手はどこまでも話してくれる

質問は会話の軸
趣味は？
最近見たアニメは？
どんな映画が好き？
だから会話は聞き手が支配している
ただし
話が弾むには2つの条件が必要
……
①聞き手が話を受容すること
私 昨日 下痢 しちゃって…
そんな下品な話はしないでよ
②話しても安心安全な人であること
この前猫ちゃんから聞いたんだけど

質問は会話の軸

傾聴は、口下手や人見知りこそが武器にできる技です。しかし、巧みな質問力は必要になってきます。アナタは面白い話ができない代わりに、質問によって相手から話を引き出していかなければなりません。

アナタは聞き手のポジションを陣取って、どのような会話をするのでしょうか。相手が話したいことを聞いている、アナタが知りたいことを聞いている、会話の内容はいろいろでしょう。

質問は、「わからないことを問う」という行為です。わからないことを問うだけでなく、会話の発進、つなぎ、盛り上げる役割も果たします。

アナタの質問によって会話が始まり、相手はアナタがわからないことを教えてくれます。そして、相手の答えを聞きながら、再びわからないことや相手が話したそうなことを質問していきます。

会話の流れや雰囲気を読みながら、相手が話したいだろうことを察し、さらに自分自身が知りたいことを問う。自分だけでなく、質問されて返答する相手も満足させて、Win-Winに会話を充実させていくのが質問力です。

聞き手が発する質問は会話の軸であり、相手は質問されなければ、なにも話すことができません。これが会話は聞き手が支配していると言われる所以で、聞き手の質問は会話の中で、非常に重要な役割を果たしています。

人は誰かに自分の話をしたい生き物なので、条件が揃えば、どこまでも話をしてくれます。

その条件は2つあります。

①聞き手が話を受容すること。

②話しても安心安全であること。

その2つが大前提として求められます。一言でいえば、信用です。

相手は否定をされたくないので、聞き手が受け入れることしか話しません。だからミスや失敗をしたとき、相手に話をしづらいのです。社内でも、意識が高くてやる気満々な人に愚痴や悪口は言いづらいし、風俗や水商売の副業のことをなかなか他人には話せません。相手に受け入れられずに否定されることがわかっているからです。

でも、ミスや失敗をしたことも、愚痴や悪口も、風俗や水商売の副業をしていることも、相手が受容してくれて自分が不利益を被ることがないならば、誰かに話をしたいし、誰かに聞いてもらいたいのです。

2つの条件をクリアするには、自己覚知をしながら絶対に否定をしないマインドをつくり、誰かから聞いた話を他人に話さないことです。傾聴の世界では「秘密保持の原則」、ビジネスの世界では「個人情報保護」と呼ばれているようなことです。話したことによる具体的なリスクは、同僚から聞いた話を社内で広めてしまって、同僚が大きなダメージを被るみたいなことです。

傾聴をしていると、相手の秘密を知ることが日常茶飯事になります。今日からでも「人から聞いた話を他人には話さない、2人だけの秘密にする」という癖をつけましょう。

ポイント

傾聴に必要なのは、すべての話を受容することと秘密保持に対する信頼。

ルール24
ズレた質問に、最高に気をつける！

ズレた質問はしない
○○さん介護疲れで大変みたい
心配
この前できた介護施設に行ってみた？
クローズド・クエスションは連発しない
イチゴとメロンどちらが好き？
イチゴです
あなたは映画が好きなのですか？
はい好きです
解答に自由がない
いずれも会話が終わってしまう
ダメ
……
その先に続かない…
人は「この人は自分の話を最後まで聞いてくれるだろう」と期待している
この人ちゃんと聞いてくれてる

相手はアナタが話を最後まで聞いてくれると期待している

相手が話すのは、アナタに期待しているからです。

なにを期待しているかというと、「この人は、自分の話を最後まで聞いてくれるだろう」という期待です。縁があって、トクするだろうと会話をすることになった相手の期待に応えるのは、人として、社会人として、恋人として、友だちとして、目指していかなければならないことです。

これまでお伝えした通り、相手の話を止めてしまうのは、聞き手の受容力不足や意識の低さが原因です。日々、意識しながら、相手の話を止めないように自分を進化させていくしかありません。

ズレた質問は話を止めてしまう

もうひとつ、質問によって話が止まってしまうこともあります。会話の趣旨や流れから逸脱した「ズレた質問」です。ズレた質問によって会話が台無しになるのは、日常的によくあることです。

ズレた質問とは、どのような質問か、具体例を挙げてみます。

◆ズレた質問①

相手　旦那がパチンコに狂っていて、本当に困っているの。夕飯に帰ってこないし、私に隠れて借金している疑いもあって、本当に離婚しようかと考えている。

自分　あれ、〇〇さんは、どうしてパチンコやらないの？

◆ズレた質問②

相手　○○子の義理のお母さん、介護が必要になったみたいで、旦那は○○子に任せっきりでなにも手伝わないんだって。精神的に大丈夫か、本当に心配。

自分　この前、新しく介護施設ができたよね。行ったことある？

こんな感じの質問をする人がいます。

①は、相手の夫がパチンコにハマって隠れて借金の可能性、という本人にとってシリアスな話をしているのに「どうしてパチンコやらないの？」とズレた質問をしています。旦那のパチンコに頭を悩ませている話の脈絡から、相手がパチンコを積極的にすることは考えられません。たとえパチンコをやっていたとしても、この会話では関係がないことです。

おそらく自分がパチンコをしているから、「どうして？」と質問してしまったのでしょうが、大幅にズレています。もはや相手は返答する気も失せてしまうでしょう。

②も同様で、共通の友だちの「介護という家庭の事情」を心配する会話だったのに、近所にできた新しい介護施設の話に飛んでしまっています。

このようなズレた質問は、相手の話を聞いていないことが原因です。聞いていないことが相手に伝わるので、相手はトーンダウンしていきます。話の主旨を把握しないままパチンコ、介護という単語だけで判断して、相手にズレた質問を投げてしまったのでしょう。

相手と会話するときは、緊張感を持って集中することが大切です。

ポイント

会話は緊張感を持って行い、ズレた質問をしないように気をつける。

ルール25 初対面の相手にクローズド・クエスションは使わない

相手が自由に答えられる「オープン・クエスション」
どんな音楽が好きですか？
ロック
J-POP
ジャズ
イエス・ノーで答える「クローズド・クエスション」
K-POPは好きですか
いいえ
じゃあヒップホップは好きですか？
いいえ
「クローズド・クエスション」は話が終わってしまう
どんな音楽が好きですか？
山下達郎とかシティ・ポップにハマってます
「オープン・クエスション」は話が広がる

楽しむための会話は基本的にオープン・クエスション

質問には相手が答える範囲に制約を求めないオープン・クエスションと、イエスノーだけの返答で成り立つクローズド・クエスションがあります。

オープン・クエスションの具体例は、

「好きな食べ物はなんですか？」

「相手を否定した理由を教えていただけますか？」

「フォロワーを増やすには、どうしたらいいと思いますか？」

などで、相手に制約なく、自由に答えられる質問を指します。自由に答えられるので、相手から、どんな返答が返ってくるかわかりません。オープン・クエスションは予想をしていない個性的、創造的な返答を得ることができるので、会話に向いている質問だといえます。

一方、クローズド・クエスションの具体例は、

「麻婆豆腐は好きですか？」

「アナタは会話のとき、相手を否定したことがありますか？」

「フォロワーを今すぐ増やすことができますか？」

など、イエスノーの一言で返答ができる質問です。クローズド・クエスションは回答が明確、一言でコミットを得られるという利点もありますが、仲良くなったり、楽しむための会話には向いていません。

明確な目的のある商談など、相手からのコミットを得ることが目的の場面ではクローズド・クエスションでの締めくくりが必要です。しかし、誰かと楽しむための会話のとき、特に初対面の相手との会話では、意識的にクローズド・クエスションは使わないと封じてしまってもいいでしょう。

クローズド・クエスションでは話が終わってしまう

答えに制約のあるクローズド・クエスションを使ってしまうと、会話がすぐに終わってしまって、その場が破綻しかねません。
筆者は婚活のユーチューブを観るのが好きなのですが、ある番組でガチガチに緊張している男性が、クローズド・クエスションを連発するシーンがありました。うろ覚えですが、再現してみます。

自分 今日は晴れていますね？
相手 はい。
自分 雲ひとつありませんね。
相手 はい。
自分 ◯◯さんは、映画は好きですか？
相手 はい。
自分 イタリアンは好きでしょうか？
相手 はい。

クローズド・クエスションを連発しているので、相手の女性はイエス、ノーしか話をしようがありません。映画が好きならば、「どのような映画が好きなのですか？」とオープン・クエスションで広げていけばいいのですが、映画の話は即終了して、すぐにイタリアンの質問をしています。

女性はやれやれといった感じで「はい」と答えて、なかなか会話にならないので沈黙が増えていきます。場が盛り上がらないことに男性は追い込まれ、表情が曇ってきますが、質問に原因があることに気づいていません。

優しい女性だったら、自分の判断でオープン・クエスションに置き換えて広げた返答をしてくれるかもしれませんが、このままだと相手は話しづらくて仕方がないのです。

いくら女性慣れしていなくても、このようなクローズド・クエスションを連発させるのは症状が重いのです。この場面の正解は、意味のない天気の話を削除して、相手が答えやすいように「○○さんの趣味はなんでしょうか？」とオープン・クエスションを投げることです。そうすれば、なにかしらの返答はあるはずです。

自分　○○さんの趣味はなんでしょうか？
相手　本が好きなので、よく本を読んでいます。村上春樹とか。
自分　新刊が出ていましたね。本屋に山積みになっていました。
相手　『街と不確かな壁』ですね。発売日に買って読みました。
自分　自分も読んでみたいです。どんな内容ですか？

このような感じで、スラスラと会話が進行していくはずです。相手の話の主旨に沿っていけば、会話はどんどんと広がっていきます。このような場面では話を終わらせてしまう「ズレた質問」には気をつけてください。くれぐれも村上春樹以外の質問はしないでください。

余談ですが、筆者がクローズド・クエスションを使わざる得ない場面は、相手が会話を拒絶しているのに会話をしなければならないときです。

プライベートな場面だったら、すぐに引き下がればいいだけですが、取材やインタビュー現場だと、そうもいきません。

筆者としては、稀《まれ》に起こる最悪な状況です。そのような場面に遭遇したとき、覚悟を決めて相手のことを想像しながら、立て続けにクローズド・クエスションを投げていきます。たとえば、こんな感じです。

自分 ○○さんは、村上春樹は好き?
相手 はい。
自分 一番好きなのは『ノルウェーの森』?
相手 ………。
自分 『羊をめぐる冒険』?
相手 はい。

仮説を立てながら、クローズド・クエスションを積み重ねて少しずつ情報を聞いていくわけです。ただ、相手が会話をする気がないので、こうなってしまうと、どう転んでも苦しいのです。相手が話しやすいようにクローズド・クエスションは控え、安心安全でリラックスできる環境で、話しやすいオープン・クエスションを投げることが大切なのです。

ポイント

傾聴では締めくくり以外は、クローズド・クエスションは使わない。

ルール26
5W1Hを意識して具体的なことを聞く

会話は質問により聞き手が支配できる
お笑いのあの人どう思う？
おもしろいよねー
会話の支配
『5W1Hを意識した質問』をする
いつ？
どこで
なぜ
誰が
どのように
何を
5W1Hの質問で話が具体的になり
昨日の休みは銀座にランチで行ったの！
話す側も気分が乗ってくる
会話を盛り上げるのは聞き手の質問力！
イイネ
どこの店？
なぜその店に？
何を食べた？
おいしかった

最初から具体的な話はしてくれない

初対面の相手に傾聴をしていくとわかりますが、**相手は基本的に、最初から具体的なことは話しません。**ここで相手に筆者を登場させてください。

初対面の聞き手に「ご自宅はどこで、仕事はなにをされているのでしょう?」と質問されたとします。筆者は「東京で暮らしながら、出版関係の仕事をしています」と答え、趣味を質問されたら「趣味は音楽鑑賞ですかね」みたいに答えるはずです。ここまでの会話を第一段階とします。

筆者だけでなく、ほとんどの人は最初に質問されて発する言葉は具体性がなく、短い返答になるはずです。理由は、聞き手がなにを聞きたいのかわからない段階で、具体的な返答はできないからです。相手が話すためには「あることを知りたがっている聞き手に質問をされた」というフックが必要になってきます。

筆者の実際を具体的に言うと、「東京の東武東上線沿いの板橋区で暮らしながら、仕事は書籍の著者をやっています。得意なジャンルはノンフィクションで、貧困問題や性風俗関係の著書が多く、最近コミュニケーションジャンルに進出しました」となります。趣味に関しては、「好きな音楽ジャンルはオルタナティブで、最近は再結成したナンバーガールにハマっています」なのですが、初対面の相手に「趣味はナンバーガール、向井秀徳は本当に素晴らしい」みたいな具体的なことは、相手のことがわからない段階では言わないし、言えないわけです。

会話の第一段階では、相手は具体的なことは話さない、説明しないことは理解しておきましょう。音楽鑑賞のことをもっと聞きたいと思ったら「具体的には？」「たとえば、どんなジャンル？」「音楽鑑賞、というと？」などなど、音楽鑑賞について具体的な質問をしていきます。

聞き手　たとえば、どんなジャンルが好きなのですか？
相手　オルタナティブが好きですかね。
聞き手　オルタナティブというと？
相手　最近だったらナンバーガールが好きですね。

誰もがしている普通の会話になりますが、聞き手の質問がないと相手は具体的な話はできません。なので、会話は聞き手が支配していることになるのです。音楽鑑賞について具体的な会話をすることを聞き手が選択し、質問によって相手に話をさせている、という構図だからです。

傾聴しながら、相手から気になる言葉が出てきたら、質問によって具体的なことを聞いていきます。わからないことを相手に問うのが、質問の大きな役割です。

相手の話からなにを拾いあげて、質問につなげるか。そして、相手から具体的なことをどこまで聞きだせるかが、質問力と言っていいでしょう。

5W1Hを意識して質問する

本項目では、筆者が話し手になります。

初対面の聞き手に挨拶して、第一段階の質問で筆者が「出版関係者」だということがわかりました。ここで聞き手が質問をしなければ、筆者はなにも語ることがありません。話は終わりになります。しかし、この第一段階では出版関係者の筆者が、雑誌編集者か漫画編集者か、営業か出版社のバックオフィスか、印刷所勤務かがわからないわけです。

具体的なことを知るために、興味関心を持って5W1H（いつ、どこで、誰が、なにを、なぜ、どのように）を意識しながら質問していきます。ここからの質問は第二段階になります。

①なにを（What）

まず、出版関係の具体的になにをしているのかを聞いていきます。初対面の場合は年齢もキャリアも、相手のことはなにもわかりません。相手に違和感を与えないように、質問には丁寧な言葉を使います。

聞き手　仕事は、出版関係なのですね。具体的になにをされているのでしょうか？
筆者　本を書いていて、けっこう何冊も出ているんですよ。
聞き手　へー。失礼じゃなかったら本の名前とか教えてください。
筆者　まあまあ、売れたのだと、『東京貧困女子。』とか『名前のない女たち』（宝島社）とか。ノンフィクションの棚にあるかもしれないです。

②いつから（When）

具体的な職種を聞いたことで、相手（筆者）が本を書いている人だとわかりました。

問していきます。

『東京貧困女子。』という書名も出てきました。ここで著書の話に流れを変えてもいいのですが、本を書く仕事というテーマを継続して、いつからその仕事をしているのか、質問していきます。

聞き手　文章を書く仕事をされているのですね。いつからやっているのですか?

筆者　大学時代からです。在学中に編集プロダクションでアルバイトして、そのままライターになって続けているのですよ。

③どこで（Where）

本を書く仕事と言われても、具体的な想像がつきません。相手はどんな日常を送っているのか。興味を持って聞いていきます。相手と一致するために、わからないことは質問をしていきます。

「どこで?」を質問するとき、ここまで聞いてきた仕事の話と場所の話とでは、距離が出てきます。主旨や会話の流れをズラさないように気をつけてください。

聞き手　僕は会社勤めなので、どういう仕事なのか想像がつきません。どこで執筆されているのですか。

筆者　知り合いの出版社に机があって、そこで書いています。だから、日常生活は会社勤めと同じ感じですね。

傾聴では基本的に「自分の話はしない」のですが、ここでは相手にズレた質問と思われないために「僕は会社勤め」という自己開示を相手に伝えました。自分と違うことだから質問しました、というズレないための布石です。

④なぜ（Why）

最初は出版関係者という情報しかありませんでした。しかし、相手（筆者）から5W1Hを意識して具体的なことを聞いていくうちに、相手のことがどんどんわかってきます。そして、最も重要な「なぜ？」の質問をするとき、すでに相手が語った『東京貧困女子。』の書名をピックアップ・クエスションで出します。

「なぜ？」は、理由や原因を知るためなので、「いつ」「どこで」「なにを」よりも、一歩踏み込んだ質問になります。一通りの情報を掴んでから、「なぜ？」に突入するのがいいでしょう。

聞き手　『東京貧困女子。』は聞いたことがあります。漫画にもなっていますよね。なぜ貧困問題を書かれるのですか。

筆者　貧困問題に特別に関心があるわけではありませんでした。ライターの仕事で風俗嬢のインタビューを任されているうちに、日本の経済成長が止まって、社会全体が貧困化しました。風俗嬢には経済的問題で就くのが普通なので、いつの間にか貧困女性がテーマになってしまった、という流れでした。

⑤どのように（Ｈｏｗ）

最後は、どのようにして本を出すようになったのかを聞くことにします。本を書く作家の仕事は人気職なので気になるところでしょう。

聞き手　どのようにしてライターから、著書を出版する作家になることができたのでしょうか？

筆者　ずっとAV女優のインタビュー連載をやっていました。その記事が話題になって、書籍化しようということになった。それで『名前のない女たち』という本になった。『名前のない女たち』が売れたので、ずっと続けているみたいな状況です。

誰（Who）は必要なかったので端折りました。最初は出版関係者ということしかわからなかったのですが、5W1Hを意識した質問によって、聞き手は相手（筆者）の職業のことがだいぶ理解できたのではないでしょうか。

相手は、興味関心を持たれて、もっと知りたいと質問されて、嫌な気はしません。

アナタが具体的なことをなにも聞けないまま、話が終わってしまうとすれば、それは相手の話から、自分が聞きたい会話のテーマを見つけられないことが原因です。いわゆる聞き流している、という状態です。

傾聴は相づちを打って相手の話を聞いているだけ、といっても、聞き手は具体的に知りたいことを見つけて質問をしなければなりません。質問をしなければ会話は続かず、相手のことを知ることはできません。

質問は、向き合っている相手のなにに興味があるのか、相手からなにを聞きたいのかを試される場面でもあります。まず、相手よりも前に、自分自身に向き合う必要があるのです。具体的な話は、すべて聞き手の質問から始まります。

会話は聞き手が支配していて、会話が盛り上がらない、具体的なことをなにも聞きだせないという失敗に終わった場合、その責任はすべて聞き手にあるのです。

相手（筆者）は第一段階の会話で、聞き手に「東京で暮らしながら、出版関係の仕事をしています」「趣味は音楽鑑賞ですかね」と言いました。この第一段階の返答に具体的なことはなにもありません。最初のこの返答で質問によって深く掘れる要素は「東京」「出版」「音楽」でしょうか。

どの要素を選択するかは聞き手次第です。相手が言ったことならば、どれを選択してもOKです。自分が興味関心のあることを、相手の発言から察知し、5W1Hを意識しながら質問していきましょう。

ポイント

会話は聞き手の質問により展開する。質問は5W1Hを意識するのが大切。

ルール27

「なにを?」「なぜ?」の増減でベストの会話をつくる

「なぜ」は話を具体化させ 理解し 相手との一致に近づける
なぜ?
なぜ?
なぜ?
しかしながら!
「なぜ?」は相手を深堀りできるが
なぜ?
なぜ?
なぜ?
しつこい…
その深さは相手や場合によりけり
初対面の異性
5W1Hは1周まで
仲のいい友達
5W1Hは2周
聞き手は会話を支配しているので
なぜ~?
~~~だから
「なぜ?」により相手の会話を操れる
~~~

「なぜ？」の質問は、相手の感情の深掘り

5W1Hのなかで、会話の内容を左右し、相手に対する理解を深めるのは「なぜ？（Why）」の質問です。「いつ」「どこで」「なにを」「誰と」は、相手に起こったこと、相手が経験したことの状況を知る質問ですが、「なぜ？」は、理由を聞くので相手の感情を深く掘っていく質問になります。

傾聴では主観を排除するので、相手が「なぜ？」その行動をとったのか、相手に聞かないとわかりません。相手との一致を目指すので、深く聞くことができる場面では、頭のなかで映像化できるほど具体的に聞いていきます。

自分がわからないこと、理解できないことに、「なぜ？」を繰り返していくことによって、相手との一致に近づいていくのです。

筆者が話し手となった前項を続けます。５Ｗ１Ｈを意識して具体的なことを聞いていくうちに、いくつもの「なぜ？」のポイントがありました。具体的に挙げると、

「なぜ、在学中にライターになって就職しなかったのか」

「なぜ、出版社に机があるのか」

「なぜ、風俗嬢のインタビューを任されたのか」

「なぜ、連載記事を書籍化しようとなったのか」

「なぜ、貧困問題に関心がなかったのに、貧困女子の書籍を出し続けるのか」


そんなところでしょうか。

相手との会話から興味あるポイントを見つける（第一段階）、５Ｗ１Ｈを意識して具体的なことを聞く（第二段階）、「なぜ？」と深く知りたいポイントを見つけて質問する（第三段階）。第一段階から第三段階を何度も繰り返しながら、相手のことを理解していきます。

この5W1Hを意識した質問を繰り返して、次項に説明する欲望と感情を意識していると、ある程度進行したところで相手と一致していきます。相手が自分に憑依《ひょうい》したような状態になり、頭のなかで映像化できるみたいな状態になります。

もう少し、筆者が話し手となる会話を続けていきましょう。

聞き手　なぜ、在学中にライターになって就職しなかったのでしょうか。

筆者　団塊ジュニアの人数は多すぎて、当時大学受験は異常な競争でした。まったく大学に入れずにフリーターをしたので3浪もすることになったのです。さらに、在学中に就職氷河期が始まったので、普通に生きるのは無理だと諦めていました。それで、誰もやりたがらない男性娯楽誌のライターになったのです。

聞き手　なぜ、大学生がライターになれるのですか。

筆者　居酒屋で大学の友だちといるとき、隣の席で知らない人がバイトを募集していて、それに乗りました。勤務先に行ってみたら男性娯楽誌の編集部で、その人が社長でした。男性娯楽誌のライターはレベルが高くないので、誰でもできる。だから、大学生の君でもできるみたいな流れでした。

そうやって相手が話したことから、一度聞いただけでは理解ができない、「なぜ?」のポイントを質問によって聞いていきます。質問されれば相手は答えるので、どんどんと話が深まっていきます。

安全安心な環境が整えば、第一段階から第三段階の質問を何度も繰り返して、相手をもっと深く知ることができます。聞き手が相手に興味を持って、相手の話から質問に導ける限り、どこまでも話は聞くことができてしまうということです。

楽しい会話で「なぜ?」の質問は要注意

ただ、「なぜ?」は取材などでは最も頻発する質問ですが、感情の深掘りなので、楽しい会話や相手が初対面の場面では要注意です。

「なぜ?」と深掘りすることは相手を冷静に、真剣にさせてしまうので、場や状況に合わないと逆効果になる可能性があります。たいていの人々は、多くの場面では、自分のことを相手に深くまで知られたいわけではないからです。

「なぜ？」の質問を繰り返すことができるのは、自分と相手の目的が一致したときだけだと言えます。

では、楽しい会話の場面では、どうすればいいでしょうか。程よいところで「なぜ？」の質問を、大きく共感することでストップして、相手を軸にしながら、「なにを？（What）」の質問に戻ります。

自分　どうして休日に、いつも神宮球場に行くのですか？（なぜ？「Why」）

相手　それは村上のホームランを全部観たいからですよ！

自分　村上は本当にすごいですよね！（大きく共感）ところで、いつからヤクルトファンなんですか？（いつから？「When」）

この場面では、「なぜ？」の返答があって、その答えに大きく共感することで深掘りをストップしました。ここから「なぜ、村上が好きなのか？」と深掘りしてしまうと、楽しい会話から逸脱する可能性が出てきてしまいます。

一つのテーマの感情の深掘りではなく、軸がブレないようにして、「いつ？」「なにを？」の質問で横に広げて別のテーマを探す方向転換、調整をしながらベストな会話をつくっていきます。

相手との関係性や、その場の雰囲気、目的や状況によって、「なぜ？」の頻度を増減させるわけです。

聞き手は質問によって会話を支配しているため、相手が発言する量や内容をある程度、操ることができるので「なに？」と「なぜ？」の質問の増減で、ベストな会話を構築していくのです。

相手に興味関心があれば、どこまでも継続できて、「なぜ？」の返答を積み重ねることによって、相手のことに詳しくなっていきます。相手のことに詳しくなれば、会話の話題の選択肢も豊富になり、相手がなにを話したいかも理解できるようになります。
しかし、「なぜ？」のやりすぎは、相手に不信感が芽生えかねないリスクを抱えていることも知っておきましょう。

ポイント

相手との関係により、「なぜ？」と「いつ？」「なにを？」を増減させる。

ルール28 相手から聞き出したいことを探り出すマル秘テクニック

猫ちゃんに恋人がいるか知りたい
知りたいことをいきなり聞くのではなく「何を？」から始め探りを入れる
休日は何してるの？
学生時代の友達と遊ぶの
チャンスが来たら目的の質問をする
恋人とかいないの？
えーいないです～

「相手に恋人がいるかいないか」を探る会話

初対面の相手から、聞きたいことを聞き出すには、どうすればいいでしょうか。一つ、筆者が想像しやすい場面設定をさせてください。

福祉関係者の飲み会がありました。ケアマネの男性Aは、初対面の女性Bをかわいいなと思いました。どのような女性なのか気になるし、なんといっても、恋人がいるのかいないのかを知りたいと思いました。

福祉関係の初対面同士の会話では、自分が就いている職種の話から始まる、癖というか習慣みたいなものがあります。男性Aが聞き手となって、女性Bに話しかけ、聞きたい「恋人がいるのか、どうか」を5W1Hの質問を駆使して探っていきます。

男性A　○○さん（女性B）は、なんの仕事をされているのですか？（What）

女性B　特養老人ホームで相談員をやっています。〇〇さん（男性A）はなにをされているのですか？

男性A　独立型のケアマネです。特養だと休みが不定期で大変ですね。僕たちは土日休みだけど、ちゃんと休めていますか？（What）

女性B　平日休みは悪くないですよ。ディズニーとか空いているし。

まず女性Bが何者かを知るために、「なにを？（What）」の質問から始めます。返答で知った特養老人ホームは、24時間営業なので職員たちは大変です。不定期休なのでプライベートがなくなりがちになります。ここで「ちゃんと休めていますか？」と休日についての「なにを？（What）」の質問をしたことで、キーワードとなるディズニーランドという言葉を引き出すことができました。

ディズニーランドは誰かと行って、楽しむ場所です。この言葉を聞き逃してはいけません。ディズニーランドという言葉を導いたことで大きく共感して、話を「仕事→ディズニーランド」に転換させていきます。

男性A　平日にディズニーランド行けるの、羨ましい！（大きく共感）

女性B　ビックサンダーマウンテンが好きで、本当にハマっています。月に一度は行っちゃいます。

男性A　平日に誰と行くのですか？（Ｗｈｏ）

女性B　学生時代の友だちがみんな施設系に就職したので、ひと月前から休みを合わせて一緒に行くんですよ。

男性A　**恋人とかとは行かないのですか？（本丸のＷｈｏ）**

女性B　えー、恋人なんていないです。出会いがないですから。恋人とディズニーランドに行きたい！

どうでしょうか。会話の流れから（Ｗｈｏ）の質問を2回続けたことで、恋人がいないことを聞き出せました。

会話の脈路がない場面で、いきなり「〇〇さん、恋人はいますか？」とストレートに聞いてしまうと、気持ち悪いし、こわいです。印象は悪く、相手は引いてしまうでしょう。相手に興味を持って5W1Hの質問で会話をしながら、ピックアップ・クエスチョンで自然な流れをつくっていきます。

自然な形で（What）の質問によって休日の過ごし方に誘導し、ディズニーランドの言葉を聞き逃さなかったことで、「恋人とかと行かないのですか？」という目的の質問にたどり着くことができました。

相手から引き出した言葉で、会話の流れを形成する

質問によって相手から聞きたいことを聞きだすためには、自然な会話の流れが必要です。ここでは「特養老人ホーム→休日の過ごし方→ディズニーランド→恋人がいない」とすべて相手が言った言葉に乗りながら質問によって会話をつくり、目的のゴールに到着しています。

「出会いがないですから。恋人とディズニーに行きたい！」
　そう自己開示をしたのは女性B自身です。ここから「どんな男性がタイプなのか？」と踏み込んだ質問が可能になり、これまでの恋愛経験や、どのような恋愛を望んでいるかなど、どんどんと聞きたいことを質問していけます。

恋愛などのプライベートな事情を知りたいときは、相手にいきなり知りたいことを質問するのではなく、「なにを？（What）」から始めて探りを入れていきます。相手の発言した単語やニュアンスに乗りながら、5W1Hを駆使して、目的につながる相手の発言を待ちます。

　質問は相手がすでに発言したことを軸に投げていくことが重要で、遠回りしながら情報を掴んで、外堀りを固めながらチャンスを待つのです。そしてチャンスがやってきたら、目的の質問をして目的である聞きたいことを聞き、会話のクロージングをしていきます。

ポイント

プライベートを聞きたいときは、「なにを?」から始め、探りを入れる。

ルール29 相手の欲望と感情に敏感になる

人の行動には理由があり
ほしい!
好き!!
人は欲望と感情に動かされる。
年収800万の男と結婚したいの
エ? 800万?
相手に興味関心を持ち欲望と感情を引き出す
やっぱり子供に苦労させたくないし
建前ばかりを聞いても仕方がない
そのために「なぜ」で深掘りしていく
なぜ年収800万の男なの?
実は…自分の稼ぎをおこづかいにしたくて

相手から引き出した言葉で、会話の流れを形成する

前著『悪魔の傾聴』(飛鳥新社)でも触れましたが、相手の欲望と感情を意識することは、相手を理解するうえで重要なファクターです。

傾聴は医療や心理学の分野で発展した行為で、人の欲望と感情はアカデミックでは触れづらい領域です。しかし、欲望と感情が欠けた相手の情報では片手落ちとなってしまいます。

欲望と感情を意識することが大切な理由は、人の行動には必ず理由があって、人は倫理や規範よりも、欲望と感情に動かされるからです。

なにより、欲望と感情のない話は、聞いていて面白くありません。

聞き手が相手のことを理解し、モチベーションを保って最後まで聞くためにも、相手

の欲望と感情を意識することは必須と言えるのです。
ここで欲望と感情がある話、ない話を比べてみましょう。

①欲望と感情がない

相手 先月、35歳になりました。そろそろ結婚をしなければと思って結婚相談所に入会しました。週末に活動して、いい旦那さんを見つけようと頑張っている最中です。

②欲望と感情がある

相手 先月、35歳になっちゃいました。もう、最悪。まわりも全員結婚して超焦って、結婚相談所に入会しました。相談所では桜井翔くんみたいなイケメンで、初婚で、次男で、年収800万円以上を希望した。でもね、いい人は全然いない。年収500とかありえない、そんなの友達に恥ずかしいし、絶対に結婚できない。800は最低ライン！

どうでしょうか。欲望と感情があるほうが、相手の性格や特徴が剥《む》き出しになって、聞いていて面白いでしょう。

①のような相手からは欲望と感情を引き出すために、相手がすでに語った35歳やいい旦那という言葉をピックアップ、「どうして35歳まで婚活をしなかった?」「いい旦那とは?」と質問を続けていきます。

具体的なことを知りたいという姿勢で質問を続ければ、いずれ、どこかで欲望や感情の断片が現れてきます。欲望と感情を吐露するまで質問を続けて、「なぜ?」の質問をするために相手の言葉を待つのです。

②は感情を表に出す、欲望の塊《かたまり》のような女性ですね。

ここから会話を続けるならば、「なぜ、年収８００万円必要なの?」「友達に恥ずかしいのは、なぜなの?」など、さらなる欲望と感情を質問していきます。理想が高すぎる理由も気になるところですね。「なぜ?」によって、欲望と感情を深堀っていくと、相手はさらなる自分の欲望と感情を話してくれます。

やってはいけないのは、「いつ」「なにを」を形式的に返答しただけの①だけで質問を止めてしまって、次の話題にいってしまうことです。

人には現状を迎える理由が必ずあり、相手にとって婚活や相談所入会は大きな出来事なはずで、聞き流してしまう話ではありません。相手に興味関心を持って、もっと質問をしていきましょう。

ポイント

「なぜ？」を使い、話し手の欲望と感情を深掘りし、相手を理解する。

ルール30
相手の秘密を聞くための準備をしておく

お父さんは私と血がつながっていなかった
秘密を抱える人は本当は誰かに話したい
どうしたの？元気ないけど
この人なら話しても大丈夫かな…
秘密を共有すると
深い繋がりができる
秘密の聞き役になるには
①聞き手が話を受容すること
②話しても安心安全であること
これを厳守すること

相手から聞いたことを人に言わない癖をつける

相手の欲望と感情を意識した傾聴を始めると、正直、相手からどんな話が飛び出してくるかわかりません。質問力からは少しズレますが、筆者がアナタにオススメしたいのは、相手の秘密を聞くための準備をしておくことです。

「人は同時に平均13個の秘密を持っている」（コロンビア大学調べ）との研究結果がありました。人は誰にでも言えない秘密を抱えていて、それは基本的に日常生活で現れることはありません。ただ、アナタが知らないことは、隠れているだけで無限に存在しているということです。

さて、人々にはどんな秘密があるのでしょうか。

アナタが勤めている社内でありそうなことを挙げてみると、同僚が上司と不倫、ダブルワークで風俗店に勤める、部下をストーカー、女装が趣味、万引き、パパ活、ロリコン趣味、マザコン、性風俗通い、ギャンブル依存、覗き趣味、盗撮、痴漢の常習、実は中年童貞などなどでしょうか。

極端な仮説を立てていると思われるかもしれませんが、現実にはどこの会社でもこの程度のことはあるでしょう。

秘密を抱える人たちは、隠すことにストレスを抱えています。本当は誰かに話したくて仕方がないのです。

人の秘密なんて聞きたくないという方もいるかもしれませんが、誰も知らないことを聞けるのは面白いと思いませんか。

また、**人は自分の秘密を話し、相手が共感し、受け入れてくれた場合、その相手にまるで肉親のような心情を抱くようになります。**

相手の秘密を共有することで、相手との人間関係がグッと深まるのです。

アナタが人の秘密の聞き役になるためには、ルール23「条件が揃えば、相手はどこまでも話してくれる」で伝えた「①聞き手が話を受容すること」「②話しても安心安全であること」の2つの条件をクリアする必要があります。

相手が話した秘密をすべて共感しながら受容し、その秘密を誰かに漏らすことが絶対になければ、相手はアナタに秘密を話してラクになりたいわけです。まず、日常の習慣として相手から聞いた話を、共通の知人に話すこと、漏らすことをやめてみましょう。情報を漏らさない癖をつけていきます。

アナタの口が堅く、相手に安心安全であると信用されれば、相手が秘密を打ち明けてくる可能性は高くなります。そのときが訪れたら、ひたすら共感しながら聞きましょう。相手に興味を持って、リアクションが大きめの相づちを打ち、相手に寄り添った優しく柔軟な5W1Hの質問によって聞き進めていきます。

相手　実はKくん（部下、女、既婚）と付き合っているんだ。

自分　えっ、そうなの。いつから？

相手　夏の出張に2人で行くことになって、そういう関係に……妻には今のところバレてない。Kくんの旦那にもバレてない。

自分　バレたら、どうするの？

相手　なにも考えてない。Kくんとは別れたくないから、本当に慎重にやっているよ。

相手から聞いたことを人に言わない癖をつける

この場面で気をつけるのは、話している相手に寄り添うこと、聞き手が善悪を判断しないことです。5W1Hの質問で聞き進めて、相手がなにを話したいのか探っていきます。自分がしている不倫の不安ならば、不安を最後まで聞き、恋愛の惚気《のろけ》、自慢話をしたそうだったら、自慢話を最後まで聞きましょう。

相手が秘密を打ち明けたときは、ただただ共感しながら聞いていきます。

相手　ずっと秘密にしていたけど、私さ、ダブルワークで夜職やっているの。
自分　え、なにしているの？
相手　歌舞伎町でデリヘル。
自分　えー、マジで。どうして？
相手　奨学金返済があって、給料だけだと少し足りないから。
自分　でも、婚約者いるでしょ。バレてないよね？
相手　残業って信じているから大丈夫。

女性が相手でも同じです。秘密のカミングアウトには、ひたすら共感します。無理に聞き出そうとしないで、優しく慎重に5W1Hの質問を投げながら最後まで話を聞きます。

ここで気をつけるのは善悪を判断してはいけないのは当然として、「なぜ、風俗店なんかに勤めるの？」のような否定的な「なぜ？」の質問をすることです。

相手は責められている気分になって、話したことを後悔してしまいます。リスクのある秘密のカミングアウトは、アナタに対しての最大限の期待です。共感してくれるだろう、理解してくれるだろうという相手の大きな期待があります。その期待にはキッチリと応えていかなくてはなりません。

なにより重要なのは、秘密を他人に漏らさないこと、相手のカミングアウトのすべてに共感することです。

ポイント

傾聴により、相手が秘密事項を話してくれれば、より深い関係になれる。

6章

本書のルールを実践で使ってみた

相手の立場に立って、相手の気持ちに共感しながら理解し、人を出し抜いてトクをすること

ルール31

傾聴だけで婚活は成功するか、やってみた

婚活で実践！①
本書の傾聴ルールを婚活で実践!!
ウシシ
移動時間にミスしないように
お店の前で待ち合わせ
Cafe
L字に座る
お仕事は歯科医なんですね
自分の話はしない
うちの医院は週一でまかないランチがあるの…
イイネ

ずるい傾聴術で婚活をしてみた！

最後に本書の定義である「相手の話を相手の立場に立って、相手の気持ちに共感しながら理解し、人を出し抜いてトクをすること」の実践です。これまでにお伝えした、ずるい傾聴のルール1からルール30を活用することで、筆者自身が婚活を成功させたことをお伝えしましょう。

40代中年男性の婚活は、年々厳しさを増しています。

アラフィフの生涯未婚率は男性25・7％、女性16・4％となり、4人に1人が結婚しない、あるいはできない社会となりました。この傾向はずっと続き、10年後には男性の生涯未婚率が30パーセントを超えるのは確実と言われています。

55歳以上の男性が初婚で結婚することはほとんどなく、さらに驚くことに未婚男性の平均寿命は67・2歳なので、多くの単身男性は年金すらもらえることなく、近い将来になにかしらの病気を患って死んでいくことになります。

未婚の男女の傾向が正反対なことはご存じでしょうか。未婚男性は高卒以下の非正規労働者が多く、未婚女性は高学歴高収入ほど結婚という道を選択していません。階層が異なる同士の結婚は稀です。つまり、生涯未婚同士でマッチングすることはなく、未婚男性の孤独死が常識となるだろう深刻な状態なのです。

筆者は2020年9月、48歳のときに妻を脳腫瘍で亡くしました。

残されたこれからの人生をどうするかを考えて亡くなってから4カ月後に、数年間かかることを覚悟してアプリで婚活を始めました。妻が亡くなったばかりなので、再婚は急いでいませんでした。最初は高望みして、だんだんと守備範囲を広げることと、本書でお伝えしたずるい傾聴を婚活の場面でフル活用することを決めました。

傾聴に適したカフェを探す！

初めてお見合いしたのは、44歳歯科医のシングルマザーAさんでした。清楚なインテリ風、控えめ、育ちがよさそうと、理想に近い女性でした。ただ、ノンフィクションライターと歯科医では階層が違います。

対等に会話をしても、階層が違うので余計なことを言ってしまったりなど、失敗の可能性が高くなります。相手と人間関係ができるまでは、ひたすら相手が話したいことを聞く傾聴をして人間関係をつくっていこう、というプランでスタートしました。

繰り返しますが、人には「自分の話を聞いて欲しい」という強い願望があります。ずるい傾聴はその願望を逆手にとった行為で、相手との会話のときに真っ先に聞き手のポジションをとり、非アサーティブな姿勢で相手が話したいことを聞いて会話をつくっていきます。

Ａさんとのお見合いが決まった瞬間から、自分の話をしないと誓いました（**ルール3 中年男性はとにかく聞き役に回る！**）。歯科医とは階層が違う、しかも中年男性というダブルの十字架を背負っているので、なおさらです。

婚活のお見合いは、一発勝負なので失敗できません。成功すれば上限なしの利益を享受できる、人生のなかできわめて重要な場面の一つになります。重要なのは準備とメンタル調整です。

筆者は傾聴に適した店探しから始めました。飯田橋の「カナルカフェ」という神田川沿いのカフェを見つけました。特殊なL字型２人テーブルが設置され、それが傾聴には完璧な形、完璧な距離感なのです（**ルール18「相手との距離感を気にしよう！」**）。

すぐに入店できるように、駅前ではなく店の前で待ち合わせをしました。

婚活のお見合いは女性にとって、いくらでも替えが効くことです。嫌だったらもう会わないと断ればいいだけです。清潔感がない、態度が悪いなどは当然として、失言など、1つのミスも許されません。

店の前で待ち合わせた理由は、初対面の知らない相手との移動時間はどう転ぶかわからないからです。店の前で待ち合わせて、店の前で別れることにして、移動時間はないほうが、ミスの可能性が減ると判断しました。

ポイント

移動時間にミスをする可能性があるので、店の前で待ち合わせる。

ルール32

会いたい意思を伝えて、クエスションで具体的な約束をする！

婚活で実践！②
本書のルール通りに話を進めた
L字に座る
「ピックアップ・クエスション」
うちの医院のまかない美味しくて
どんなメニュー？
「相づちで相手の話を応援」
「会話は相手が⑦自分が③」
院長が料理上手で特に美味しいのがオムライス
うちの会社にも欲しい！
7
3
「クローズド・クエスション」で
次の休みにまたお茶しませんか？
お話もっと聞きたいです
次の約束をする

同じようなメニューを注文する。

Aさんとの待ち合わせの一時間前には、相手との会話をシミュレーションしました（**ルール16「事前に傾聴をイメージトレーニングする」**）。婚活という目的が明確なので、相手は自分のこれまでの履歴や仕事のことを話すだろうと想像がつきました。

待ち合わせ場所に早めに到着し、最終確認として「自分の話をしない」「否定しない」「共感する」、この傾聴の基本を心のなかで復唱して、メンタルを整えます（**ルール4「共感」「相手と一致」「否定しない」**）。

相手の44歳シングルマザーAさんは、想像通りの育ちがよさそうな方でした。待ち合わせ場所で挨拶して、すぐに入店します。L字型の完璧な形状、距離感の2人テーブルに座り、今いる共通点である飯田橋について短い雑談をしました（**ルール17「自分の話は、相手から質問されたときのみ」**）。

神田川沿いの爽快な景色が目の前にあったので、「こんな店があるとは知らなかった」「飯田橋は、いつも通勤で通っている」など、会話はまあまあ弾みました。

メニューを渡して、なにを頼むか相手に選んでもらいます。相手がランチを頼んだので、筆者も同じものを注文しました**（ルール20「目線と相手の動きを合わせましょう！」）**。ここからが本番です。趣味のこと（趣味読書と書いてあった）、仕事のこと、シングルマザーなので相手の事情と、聞くことはたくさんあります。

自分　歯科医をされているのですね。プライベートで先生と話すのは初めてです。

筆者が責任の重い仕事に対する共感と、軽い自己開示を言うと、相手の仕事についての話が始まりました。

勤務先は複数で、曜日によって変えていて、その一つが総武線沿いにあること。歯科医は大学の学閥、人脈みたいなものがあり、すべての勤務先の医院長は同じ大学出身であること。卒業してしばらくは大学附属の医院に勤務することが慣例となっていて、収入は決して高くはないことを話していました。

ピックアップ・クエスション（**ルール22「必殺技ピックアップ・クエスション」**）と、相づち（**ルール19「相づちで相手の話を応援する！」**）によって、どんどん話が出てきます。

仕事について20分間ほど話してから、シングルマザーという相手の事情に話を変えました。子どもは高校3年生の大学受験生、看護学校への進学を目指していること、元夫とは子どもが1歳のときに相手の浮気が原因で離婚していること、元夫は年下で友だちの紹介で出会っていること、育児は実家の母親に手伝ってもらって、自分は仕事を続けてきたことを話していました。

クローズド・クエスションで、次のアポを約束する。

筆者が自分の話をするのは、相手から質問をされたときだけです。（**ルール17「自分**

の話は、相手から質問されたときのみ」）。

このときは相手から質問されることはあっても、深い話までは聞かれませんでした。筆者が話したのは出版関係のライターの仕事をしていること、妻が亡くなってそんなに時間が経っていないこと、すぐに結婚をしたいというわけではないことを話しました。

余計なことを言ってしまうミスを犯さないためにも、最初のお見合いは90分程度で終わらせるのが無難です。会話は「相手7、自分3」という領域におさまって（**ルール10「3対7、もしくは2対8の会話を意識する」**）、相手のこともだいぶ理解できたので成功です。悪印象はまずないだろうと、思っていました。

「今日は楽しかったです。また、来週もお会いできますか？」（クローズド・クエスションン）

筆者はおそらく次のアポもとれるだろうと、時間を見計らって終わりだけクローズド・クエスションを投げました（**ルール25「初対面の相手にクローズド・クエスションは使**

わない」）。Aさんは了承し、次の約束を取りつけてその日は別れました。

結果を言うと、Aさんとはここから毎週一回、合計5回のデートを重ねました。しかし、さらなる関係の進展が望めなかったので断念しました。フラれたわけではなかったのですが、諦めて、筆者から誘うのをやめて自然消滅となりました。

Aさんとはゴールまでには至りませんでしたが、5回のデートを重ねたことは、筆者が婚活に選んだ「傾聴」という手段は大正解だったと自信になりました。

ポイント

別れるときは、クローズド・クエスションを使い、次に会う約束をする。

ルール33 相手がオタクは、大チャンス！傾聴を大活用！

婚活で実践！③
次に会った女性は驚くほど上品なスレンダー美人
はじめまして
少しでも相手のことを知るため
お住まいは板橋でしたよね
そうなんです
雑談は居住地の話から
5W1Hの質問で傾聴
婚活をされているのはどうして？
あることをしてて…結婚どころじゃなかったの！
相手は話すのが楽しくなり…
婚活は大成功!!
ずるい傾聴で婚活は大成功！

スレンダー美人Bさんとのお見合い

Aさんと自然消滅して、しばらく婚活の動きはありませんでした。

婚活アプリは膨大な登録者の中から、興味がある相手に「いいね！」を押して「相互いいね！」になったらメッセージのやりとりができる、という仕組みです。アプリでたまに「相互いいね！」の状態になっても、結婚を急いでいるわけではなかったので、会うことはしませんでした。

状況が変わったのは自然消滅から3カ月後、驚くほど上品なスレンダー美人Bさんから「いいね！」があったことです。中年男性のアプリ婚活は異常なレベルで厳しく、ほとんどの人には「いいね！」すらつかないことが普通です。

筆者はまさかと思って「いいね！」を返し、Bさんに「押し間違い？」を確認しました。メッセージを何度かやり取りして、筆者から誘ってBさんに会うことになったのです。ちなみにBさんは筆者と同じ年齢なのですが、品がある美人、高年収とスペックが高く、様々な男性から「いいね！」をもらっていました。その数は５００を超えていて、アプリ内では最高ランクの人気女性でした。

このようなチャンスは滅多にないというか、生涯、もうないかもしれません。数百人もの競争相手がいるので、筆者が勝てるかもしれない手段は傾聴しかありません。Bさんを相手に、ふたたび傾聴を使うことを決めました。Aさんとの実践で成功したすべての事項を、もう一度やることにしました。

前日に傾聴のシミュレーションして、待ち合わせ直前に「自分の話をしない」「共感する」「否定しない」の基本事項を唱えるように繰り返し、移動中にミスをしないようにカフェの前で待ち合わせました。

待ち合わせは飯田橋、傾聴の完璧な距離を保てる「カナルカフェ」に行くことにしました。Bさんにメニューを渡すと抹茶ラテを頼んだので、筆者も似たようなほうじ茶ラテを選びました。

自分　どちらにお住まいですか？

雑談ネタは、少しでも相手のことを知るために居住地にしました。Bさんはあまり言いたくなさそうな表情で「板橋区です」と返答があって、筆者と同じだったので、しばらく板橋の話をしていた記憶があります。

自分　どうして婚活をされているのですか？

筆者はいきなり「なぜ？」の質問を投げて、本題に入ることにしました。

結婚経験はないようでした。どうして49歳になって婚活をしているのかという疑問です。「カナルカフェ」のL字の2人席はやはり完璧でした。

相手　どうしてだと思います？　あることをしていて、忙しかったから結婚どころじゃなかったというか。

ん、んん……。Bさんから逆に質問されて、なにか？　と考えました。数秒間考えているとき「みんな、していることですよ」と言われて、ジャニオタが浮かびました。「ジャニオタ？」と聞くと、Bさんは頷きます。

自分　あー、なるほど。なに推しですか？（what）

筆者はどのグループを推していたのか聞きました。

年齢的にスマップかV6、もしくは嵐でしょう。ちなみに筆者は、嵐好きでそれなりに詳しいので、嵐だったらワンチャン可能性があります**（ルール12「会話で女性を楽し**

ませようと思わない。「ねえねえ、聞いて」理論を使う。」)。オタクは推しの話になると、目を輝かせて話をします。筆者は自分も詳しい嵐だったら、マニアックなことでも、どこまでも話が聞けます。推しが嵐であることを心のなかで願っていました。

相手　嵐です。

嵐は2020年12月、活動休止してしまいました。Bさんはディープなジャニオタで、平日に会社員をしながら嵐のテレビ番組、雑誌、ラジオを全部チェック、それにドラマ鑑賞とロケ地まわり、ライブのチケット購入、参加、オタク同士の交流などをしていると、もう時間がまったくなかった、というのです。

嵐が活動休止となってやることがなくなって、婚活をしているという事情でした。

自分　嵐の誰推しなの？（ｗｈｏ）

続けて、嵐の誰が好きなのかを質問しました。

筆者は自分が好きな大野智か相場雅樹だったら勝ち、逆に松本潤だったら微妙と思っていました。

結局、Bさんは大野智推しのオタクでした。「大野智」と聞いたとき、これはもらったと思いました。大野智はジャニーズの歴史で右に出る者がいない天才的なダンサーで、さらに天才的な絵画アーティストで、すさまじい歌唱力があることなど、よく知っています。どこまでも話についていけるので、傾聴し放題です。

しかし、筆者はすぐにはBさんに、自分も嵐の大野智が好きなことは伝えませんでした。相手に媚《こ》びを打って、わざとらしいと思われる可能性があるのと、他の膨大な数がいそうなライバルを傾聴で出し抜くためです。筆者自身が好きであることは隠して、どこまでもついていける大野智の話を傾聴することにしたのです。相手は他の男性とは、全然違うと思うはずです。

会話は当然の如くに盛り上がり、筆者も仕事やこれまでの事情を中心に様々な質問をされました。そのまま事実を答えました。このとき、Bさんは期限を決めて土日を使ってお見合いをしまくっていて、合計で30人以上は会っていたようでした。

ライバルは異常に多いのですが、そのなかで傾聴ができるのは多くて5人程度でしょう。嵐や大野智の話をどこまでも聞けるのは、どう考えてもその中にはいません。いないはずです。すさまじい競争がありましたが、筆者は大野智の言葉が出たとき、「この婚活は勝ったかも」と思いました。

「カナルカフェ」を出るときに「また、来週もお会いしたいです。空いている日にちはありますか？」とクローズド・クエスションして、2回目のデートの約束をして別れました。

そして、結局このBさんと成婚することになりました。筆者の大殺界が明ける半年後を待って入籍しています。

筆者がやったことは大野智の話を聞いて、別れ際にクローズド・クエスションで次の約束をする。自分の話は相手に質問されたときに答える。それを繰り返しただけです。それだけで、最終的に結婚することになってしまったのです。

トクするずるい傾聴、おそるべしでしょう。筆者は、本当にそう思いました。

ポイント

本書のルールを駆使すれば、婚活の成功度はめちゃくちゃ高まる。

中村淳彦（なかむら・あつひこ）

ノンフィクションライター。
AV女優や風俗、介護などの現場でフィールドワークを行い、貧困化する日本の現実を可視化するために、傾聴・執筆を続けている。『東京貧困女子。』（東洋経済新報社）は2019年本屋大賞ノンフィクション本大賞にノミネートされた。『新型コロナと貧困女子』（宝島社新書）、『日本の貧困女子』（SB新書）、『日本の風俗嬢』（新潮社）、『女子大生風俗嬢』（朝日新聞出版）、『職業としてのAV女優』『ルポ 中年童貞』『AV女優消滅』（幻冬舎新書）など著書多数。また「名前のない女たち」シリーズ（宝島社）は2度の劇場映画化もされている。自身の取材テクニックを公開した初の傾聴本『悪魔の傾聴 会話も人間関係も思いのままに操る』（飛鳥新社）は11刷5万部突破。『東京貧困女子。』は、趣里の主演で連続ドラマ化され、WOWOWで今秋スタートする。

ずるい傾聴術 人間関係が好転してトクする33のルール

2023年8月4日　第1刷発行

著　者　中村淳彦

発行人　岩尾悟志
発行所　株式会社かや書房
〒162-0805
東京都新宿区矢来町113　神楽坂升本ビル3F
電話　03-5225-3732（営業部）

印刷・製本　中央精版印刷株式会社

ISBN978-4-910364-34-6 C0030